New
TEPS MASTER 750

New TEPS MASTER 750

저자 _ 죠셉킴
초판 _ 1쇄 발행 2009년 9월 14일
초판 _ 5쇄 발행 2017년 11월 30일

발행인 _ 박효상
마케팅 _ 이종선, 이태호, 이전희
책임 편집 _ 김 현
편집, 진행 _ 김효정, 박혜민
디자인책임 _ 김보연

출판등록 _ 제 10-1835호
발행처 _ 사람in
주소 _ 121-894 서울시 마포구 양화로 11길 14-10(서교동 378-16)
전화 _ 02)338-3555(代)
팩스 _ 02)338-3545
E-mail saramin@netsgo.com
Homepage www.saramin.com

※ 책값은 뒤표지에 있습니다.
※ 파본은 바꾸어 드립니다.

New
TEPS MASTER 750 죠셉킴

사람in
saram in.com

머리말

본 교재는 대한민국의 대표 영어시험 TEPS 750점을 목표로 하는 학습자들을 위해 기획된 이론과 실전을 겸비한 중급종합서로서, 실용영어의 기본을 확실히 다지고 TEPS에 대한 정확한 이해와 접근법을 익히는 것을 목표로 하고 있습니다.

본 교재는 청해, 문법, 어휘, 독해까지 TEPS의 모든 영역을 한 권으로 아우르고 있습니다.

청해의 경우 최근 TEPS 유형에 맞추어서 토픽별 분석과 유형별 분석을 모두 다루고 Sample 문제와 Actual Test를 통해 가장 빠른 시간 안에 가장 높은 점수 향상을 추구합니다.
문법은 최신 문법출제경향에 맞게 Chapter를 구성하고 이에 맞추어 이론과 Exercise, Actual Test 문제를 통해 풍부하고도 자세한 실전 연습을 합니다.
어휘는 Actual Test를 통해 실전 문제를 풀어보며 자세한 해설을 숙지하여 가장 빠른 시간 안에 높은 점수를 얻으실 수 있도록 구성했습니다.
그리고 TEPS에서 가장 학생들이 스트레스를 받는 독해의 경우 저의 막강한 온라인, 오프라인 강의 자료들 중 엄선한 중급레벨의 최신 TEPS 독해 문제들을 유형별로 정리하였습니다. 기출 문제를 푸신 후 TEPS 독해의 전략인 속독과 다독의 해법이 녹아든 해설을 통해 자연스럽게 해법을 정리하시기 바랍니다.

지금 현재 한국의 영어 시험은 미국 영어 시험들 위주로 운영되어 오던 분위기에서 점차 국내 기술력으로 만든 한국인들만을 위한 공인 영어 시험으로 관심이 옮겨가는 시점입니다.
그 동안 TEPS가 시행된 지 오랜 시간이 지났고 시험 유형이 많이 바뀌었지만, TEPS는 다른 시험과는 달리 단순히 기출 문제를 많이 푼다고 자동적인 성적 향상을 보장해주지 못합니다. 시험의 구성 자체도 총 4개 영역의 13파트로 구성되어 있으며 문제의 스타일도 다른 시험들과는 상당히 다릅니다. 따라서 TEPS 자체의 스타일에 맞게 체계적으로, 철저한 계획을 세우며 준비하시는 것이 가장 중요합니다.

본 교재는 따라서 TEPS 최신 유형을 완벽히 해부해서 수험생들이 시험 전에 단기간에 정리할 수 있도록 최선을 다했으며, 중급 점수 750점 획득이라는 목표에 맞추어 출제자의 의도를 수험자 입장에서 보다 쉽고 정확히 파악할 수 있도록 집필하였습니다.

아무쪼록 본 교재와 함께 본인이 원하는 TEPS 점수를 반드시 얻으시기를 기원합니다.

서초동에서

Joseph Kim

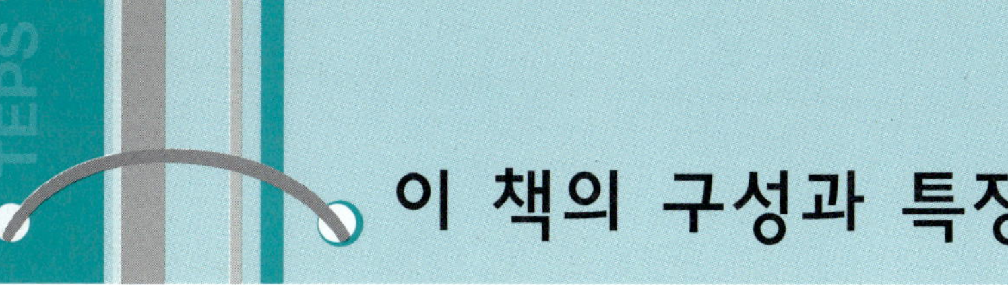

이 책의 구성과 특징

750점 완전 공략을 위한 New TEPS MASTER 750

이 책은 TEPS 목표 점수 올리기 프로젝트 〈TEPS MASTER〉 시리즈 중 750점 공략을 위한 책입니다.

대한민국 TEPS 최고 강사의 점수대별 전략서
대한민국 TEPS 최고 강사 죠셉킴 선생님이 TEPS 관리위원회에서 출제한 10년간의 정기시험을 철저히 분석, 최신 경향에 꼭 맞춘 문제만을 수록하여 만든 문제풀이 중심의 점수대별 전략서입니다.

4대 영역을 한 권에 아우르는 문제집
TEPS 4대 영역을 한 권에 끝낼 수 있어 학습하시기에 편리합니다. 최신 출제 경향에 맞추어 업그레이드 된 문제를 풀며 학습자가 자연스럽고 효율적으로 TEPS 유형을 익힐 수 있도록 구성하였습니다.

스스로 학습을 돕는 스마트 해설
TEPS 초급자들을 위해 750점 획득이라는 목표에 맞추어 수험자 입장에서 출제자의 의도를 보다 쉽고 정확히 파악할 수 있도록 상세하고 친절한 해설을 실었습니다.

※ 수록된 CD의 음원은 사람in 홈페이지(www.saramin.com)에서 MP3 파일을 다운로드 받을 수 있습니다.

목차

🎧 Listening Comprehension

✏️ Grammar

Vocabulary

Reading Comprehension

TEPS는 어떤 시험입니까?

1. TEPS란 어떤 시험인가요?

TEPS는 Test of English Proficiency developed by Seoul National University의 약자로 서울대학교가 주관하고 시행하는 새로운 영어 능력 검정 시험입니다. TEPS는 국내외 여러 대학에 종사하는 최고 수준의 영어 관련 전문가 100여명 가까운 인원이 출제하고 세계의 권위자로 구성된 자문 위원회에서 검토하는 시험입니다.

2. 어떤 곳에서 TEPS 점수를 요구하나요?

각종 고시를 비롯하여 많은 대기업과 공사의 취업 자격 시험으로 활용될 뿐만 아니라 대부분의 정부 기관과 군 기관에 의해서 인사 제도와 해외 파견 자격을 검정하는 시험으로 활용되고 있습니다. 최근에는 대학과 기업체, 정부 기관 중심으로 TEPS의 활용도가 크게 증가했습니다. 그러므로 다수의 응시자가 입시, 입사 지원, 고시 준비 등 특정한 목적을 위해서 응시하고 있습니다.

3. TEPS의 문제는 어떻게 출제되나요?

한국인에게 맞는 시험인 TEPS는 영어 교육과 검정 분야에서 풍부한 경험을 갖고 있는 전문 출제자들이 영어와 한국어의 대조분석과 오류 분석 이론에 근거하여 출제함으로써 한국인들이 특히 많이 범하는 영어의 실수를 정확히 짚어줍니다.

4. 일 년에 몇 번 정도 시험을 볼 수 있나요?

일 년에 12번 매월 첫째 일요일이나 토요일에 시행되고 있습니다. 자세한 내용과 변경 사항은 TEPS 관리 위원회 홈페이지(http://www.teps.or.kr)를 보시면 알 수 있습니다.

5. 주로 어떤 문제가 출제됩니까?

실용 영어 능력 시험 TEPS는 현장 영어 구사 능력을 중점적으로 테스트하기 위해 실제 생활에서 일어날 수 있거나 자주 접할 수 있는 상황 위주로 출제됩니다. 일상적인 대화는 물론 일상적으로 접할 수 있는 신문, 방송, 잡지, 서신, 광고, 전화 메시지 등이 모두 이러한 범주에 포함됩니다.

6. TEPS의 시험 시간은 얼마나 되나요?

시행 초기에는 총 2시간 40분이었지만 2001년 2월 제13회 정기 시험부터 영역별 수험 시간 단축이 적용되어 현재는 2시간 20분이 소요됩니다. 청취, 문법, 어휘, 독해 총 4개 영역으로 나누어 청취 60문항 55분, 문법 50문항 25분, 어휘 50문항 15분, 독해 40문항 45분으로 구성됩니다.

7. 시험 점수는 얼마 후에 알게 되나요?

정기 시험의 성적은 시험일로부터 15일 이후 ARS(060-700-2884)나 TEPS 홈페이지(http://www.teps.or.kr)에서 확인이 가능합니다. 정기 시험 성적표는 시험일로부터 대략 30일 안에 우편으로 발송되고 특별 시험 성적표는 시험일로부터 7일 이내에 해당 기관이나 단체로 통보됩니다.

8. 각 레벨 중 가장 많은 분포를 보이는 레벨은 어떤 것인가요?

급수별 인원을 분석해보면 전체 80%의 응시자가 2급과 3급 사이 즉 2^+급, 2급, 3^+급, 3급에 집중되어 있습니다. 그 중 2^+급을 제외한 2급과 3^+급, 3급의 응시생 비율은 세 레벨 모두 전체 수험자의 20% 정도로 비슷합니다.

9. TEPS 자격증은 어떤 것인가요?

2004년에 TEPS는 민간 자격 국가 공인을 취득하였습니다. TEPS 1^+급, 1급, 2^+급, 2급에 해당하는 응시자는 국가에서 인정하는 공인 증서를 발급받을 수 있습니다.

10. TEPS와 TOEIC, TOEFL의 차이점은 무엇인가요?

TOEIC이나 TOEFL은 비즈니스나 대학원 진학을 위한 특정한 목적으로 만들어져 비즈니스 영어나 학문적인 영어가 주를 이룹니다. 그러나 TEPS는 실제 의사 소통 능력을 측정하기 위한 시험이라는 점에서 차이가 있습니다. TEPS 청취와 TOEIC 청취의 차이점은 상호 응대(interaction)를 다루는 비중입니다. TOEIC의 Part 1은 사진을 묘사하는 단순한 문제를 묻고 Part 2, 3에서 대화를 다루지만 TEPS는 Part 1, 2, 3 모두 대화에 알맞은 응답을 고르는 문제입니다. 그 중에서 Part 3, 4는 TOEIC처럼 구체적인 정보를 묻는 문제가 아니라 전체적인 분위기, 대화의 주제, 대화를 근거로 추론할 수 있는 것 등을 묻습니다. TOEIC은 Part 5, 6에서 대부분 문어체 문법과 어휘를 묻는 데 반해 TEPS는 구어체와 문어체로 구분해서 각각의 문법과 어휘를 묻습니다. TOEIC Part 7은 각 지문별로 2~3개의 질문이 주어지고, TEPS는 한 지문 당 한 개의 문제만이 주어집니다. 또한 주제 찾기, 요점 찾기, 전체 흐름에서 어색한 문장 찾기 등 문제 유형이 TOEIC과 다릅니다.

TEPS의 영역별 구성

TEPS는 청해, 문법, 어휘, 독해의 4개 영역에 걸쳐 총 200문항으로 구성되어 있으며 시험 시간은 140분입니다. 문항 반응이론(IRT)에 따라 채점하기 때문에 전부 맞아도 990점이고 모두 틀려도 10점은 나옵니다.

영역	PART별 내용	문항 수	시간/배점
청 취 Listening Comprehension	Part Ⅰ : 문장 하나를 듣고 이어질 대화 고르기	15	55분/400점
	Part Ⅱ : 3문장의 대화를 듣고 이어질 대화 고르기	15	
	Part Ⅲ : 6–8문장의 대화를 듣고 이어질 대화 고르기	15	
	Part Ⅳ : 단문의 내용을 듣고 질문에 해당하는 답 고르기	15	
문 법 Grammar	Part Ⅰ : 대화문의 빈칸에 적절한 표현 고르기	20	25분/100점
	Part Ⅱ : 문장의 빈칸에 적절한 표현 고르기	20	
	Part Ⅲ : 대화문에서 어법상 틀리거나 어색한 부분 고르기	5	
	Part Ⅳ : 단문에서 어법상 틀리거나 어색한 부분 고르기	5	
어 휘 Vocabulary	Part Ⅰ : 대화문의 빈칸에 적절한 단어 고르기	25	15분/100점
	Part Ⅱ : 단문의 빈칸에 적절한 단어 고르기	25	
독 해 Reading Comprehension	Part Ⅰ : 지문을 읽고 질문의 빈칸에 들어갈 내용 고르기	16	45분/400점
	Part Ⅱ : 지문을 읽고 질문에 가장 적절한 내용 고르기	21	
	Part Ⅲ : 지문을 읽고 문맥상 어색한 내용 고르기	3	
총계	13개 Parts	200	140분/990점*

※ 총 배점은 산술상 1,000점이 나오나 실제로는 IRT(Item Response Theory)에 의하여 최고점이 990점, 최저점이 10점으로 조정됨.

TEPS의 등급 구성

등급	점수	영역	능력 검정 기준
1⁺급	901–990	전반	교양 있는 원어민에 버금가는 정도로 의사소통이 가능하고 전문 분야 업무에 대처할 수 있음
	361–400	청해	교양 있는 원어민에 버금가는 수준의 청해력
		독해	교양 있는 원어민에 버금가는 수준의 독해력
	91–100	문법	교양 있는 원어민에 버금가는 수준으로 내재화된 문법 능력
		어휘	교양 있는 원어민에 버금가는 수준으로 내재화된 어휘력
1급	801–900	전반	단기간 집중 교육을 받으면 대부분의 의사소통이 가능하고 전문 분야 업무에 별 무리 없이 대처할 수 있음
	321–360	청해	다양한 상황의 수준 높은 내용을 별 무리 없이 이해할 수 있는 정도의 청해력
		독해	다양한 소재의 수준 높은 내용을 별 무리 없이 이해할 수 있는 정도의 독해력
	81–90	문법	다양한 구문을 별 무리 없이 신속하게 이해할 수 있을 정도로 내재화된 문법 능력
		어휘	다양한 표현을 별 무리 없이 신속하게 이해할 수 있을 정도로 내재화된 어휘력
2⁺급	701–800	전반	단기간 집중 교육을 받으면 일반 분야 업무를 큰 어려움 없이 수행할 수 있음
	281–320	청해	일반적인 상황의 보통 수준의 내용을 별 무리 없이 이해하는 정도의 청해력
		독해	일반적인 소재의 보통 수준의 내용을 별 무리 없이 이해하는 정도의 독해력
	71–80	문법	일반적인 구문을 별 무리 없이 이해하는 정도의 문법 능력
		어휘	일반적인 표현을 별 무리 없이 이해하는 정도의 어휘력
2급	601–700	전반	중장기간 집중 교육을 받으면 일반 분야 업무를 큰 어려움 없이 수행할 수 있음
	241–280	청해	일반적인 상황의 보통 수준의 내용을 대체로 이해하는 정도의 청해력
		독해	일반적인 소재의 보통 수준의 내용을 대체로 이해하는 정도의 독해력
	61–70	문법	일반적인 구문을 대체로 이해하는 정도의 문법 능력
		어휘	일반적인 표현을 대체로 이해하는 정도의 어휘력
3⁺급	501–600	전반	중장기간 집중 교육을 받으면 한정된 분야의 업무를 큰 어려움 없이 수행할 수 있음
	201–240	청해	일반적인 상황의 보통 수준의 내용을 다소 이해하는 정도의 청해력
		독해	일반적인 소재의 보통 수준의 내용을 다소 이해하는 정도의 독해력
	51–60	문법	일반적인 구문에 대한 의미 파악이 어느 정도 가능한 문법 능력
		어휘	일반적인 표현에 대한 의미 파악이 어느 정도 가능한 어휘력
3급	401–500	전반	중장기간 집중 교육을 받으면 한정된 분야의 업무를 다소 미흡하지만 큰 지장은 없이 수행할 수 있음
	161–200	청해	일반적인 상황의 보통 수준의 내용을 이해하기 다소 어려운 정도의 청해력
		독해	일반적인 소재의 보통 수준의 내용을 이해하기 다소 어려운 정도의 청해력
	41–50	문법	일반적인 구문에 대한 신속한 의미 파악이 다소 어려운 정도의 문법 능력
		어휘	일반적인 표현에 대한 신속한 의미 파악이 다소 어려운 정도의 어휘력
4⁺급	301–400	전반	장기간의 집중 교육을 받으면 한정된 분야의 업무를 대체로 어렵게 수행할 수 있음
	201–300		
5⁺급	101–200	전반	단편적인 지식만을 갖추고 있어 의사소통이 거의 불가능함
	10–100		

영역별 난이도 분류 기준

청해 (Listening Comprehension)

점수	등급	내용	표시
400~600	3, 3⁺	– 친교 활동을 위한 의사소통 기능 (인사, 소개, 감사, 칭찬, 약속) – 감정 표현 (좋고 싫음, 희로애락, 원하는 것, 동정) – 특정 장소 혹은 상황에서 쓰이는 표현 (전화, 병원, 호텔, 공항, 여행사, 우체국, 쇼핑, 음식 주문, 길 안내)	★ ☆ ☆
600~800	2, 2⁺	– 지적 태도 표현 (사과, 변명, 의견 표명) – 도덕적인 태도 표현 (사과, 변명, 후회) – 사실, 정보 확인 – 의문사 why	★ ★ ☆
800~990	1, 1⁺	– 혼란을 불러일으키는 정교한 오답지 – 어려운 구어 표현, 속담을 포함한 질문이나 선택지 – 질문 의도 파악이 어려운 질문 (어떤 의사 표현 기능을 측정하려 함인지)	★ ★ ★

문법 (Grammar)

점수	등급	내용	표시
400~600	3, 3⁺	– 시제 (현재, 과거, 대과거), 어순(부정문, 의문문), 수 일치 – 짧은 문장 이디엄 (e.g. I hope not.), 관용 표현 – 알맞은 의문사 고르기, 전치사, 접속사, 명사를 수식하는 현재분사·과거분사 – 선택지에서 정·오답이 명확히 구분되는 문제	★ ☆ ☆
600~800	2, 2⁺	– 각 품사의 기본적인 사항보다 깊이 들어간 문법 – 특수 구문, 관계대명사, 관사 – 이디엄의 부정문·의문문 만들기, 한정사(e.g. most의 용법) – intuition으로 풀어야 하는 문제	★ ★ ☆
800~990	1, 1⁺	– 혼란을 불러일으키는 정교한 오답지 – 어려운 구어 표현, 속담을 포함한 질문이나 선택지(e.g. on equal terms) 등	★ ★ ★

어휘 (Vocabulary)

점수	등급	내용	표시
400~600	3, 3⁺	– 한눈에 정답이 들어오는 어휘 – 일상적으로 많이 쓰이는 어휘 – 문장을 통째로 외워야 하는 이디엄	★ ☆ ☆
600~800	2, 2⁺	– 한눈에 정답이 눈에 들어오지 않는 어휘 – 혼동 어휘 (의미, 형태) – 연어	★ ★ ☆
800~990	1, 1⁺	– TOEFL식 단어 – 혼란을 불러일으키는 정교한 오답지 – 어려운 구어 표현, 잘 쓰이지 않는 속담 등의 어휘	★ ★ ★

독해 (Reading Comprehension)

점수	등급	내용	표시
400~600	3, 3⁺	– purpose, main, title, topic 찾기 – 단순한 sentence 완성 문제	★ ☆ ☆
600~800	2, 2⁺	– 전치사 및 전체 내용을 파악해야 풀 수 있는 빈칸 채우기 – correct 여부	★ ★ ☆
800~990	1, 1⁺	– 연결사 고르는 문제 – infer 문제 – 문맥상 어색한 내용 고르기, 선택지가 혼동을 주는 문제	★ ★ ★

고득점을 위한 실전 요령

반가워요, 여러분. 대한민국 TEPS 대표강사 죠셉킴입니다.

최근 TEPS 는 이전보다 훨씬 쉬워지면서 나왔던 문제들이 다시 등장하고 있습니다. 학생들이 가장 어려워하던 청해 Part 4와 독해 파트가 평이해지고 있고, 사전 지식이 없어도 누구나 쉽게 읽을 수 있는 데다 지문의 길이도 짧아져서 앞으로 900 점 이상 고득점자들이 많아질 것 같습니다.

모두들 겁먹지 말고 "TEPS 는 내 밥이다!"라는 신념으로 시험에 임하시기 바랍니다.

청해 (Listening Comprehension)

청해는 시험 당일 컨디션이 관건!

시험 당일 한 시간 정도 일찍 도착하세요. 도착해서 마음을 진정시킨 후 평소 공부했던 교재와 정리 노트로 그 동안 공부해 온 내용들을 차분하게 정리하세요. 그렇지 않고 헐레벌떡 도착하면 정신 집중이 잘 안 되고 긴장이 심해져서 청해 Part 1,2를 망칠 수 있습니다. 청해 Part 1,2는 한 번만 들려 주고 발음 혼동 문제나 단어 하나를 가지고 오류를 묻는 문제가 많기 때문에 당일 컨디션이 의외로 시험에 큰 영향을 줍니다. 그리고 화장실은 꼭 휴식 시간에 미리 다녀오세요.

입실하실 때 신분증은 주민등록증이나 운전면허증만 가능합니다. 필기 도구는 컴퓨터용 사인펜만 가능한 거 아시죠? 수정펜은 생각도 하지 마세요. 그거 사용해서 한두 문제 고칠 시간에 한 문제라도 더 푸세요. 700 점 이하 수험생들은 140 분 동안 200 문제를 다 풀고 나오면 다행입니다.

시험 보면서 사탕을 오드독 오드독 먹는 학생, 주기적으로 코를 훌쩍거리는 학생 등 시험에 지장을 주는 경우가 있습니다. 이럴 때는 시험 감독관을 부르세요. 그 사람들은 여러분을 돕자고 있는 사람들입니다. 여러분 스스로가 감독관을 잘 활용하세요.

Part 1, 2 문제 풀이, 이렇게 하자!

청해 Part 1,2를 들을 때 절대로 받아 적지 마세요. 들려 주는 시간이 평균 5 초 정도이기 때문에 속기사가 아닌 이상 그거 적다가 다음 문제를 놓칠 수 있습니다. 청해 Part 1 의 경우 '처음 나오는 의문사'와 '시제', '인칭'을 빠르게 포착해서 상황 판단을 해야 합니다. 그러면서 상황에 맞는 가능한 답을 머릿속에서 그려내야 합니다. 이것이 가능하기 위해서는 평소에 다양한 표현들을 딕테이션하는 훈련이 필요합니다. 그리고 ① 나왔던 단어가 선택지에 나오거나 ② 묻는 문장인데 선택지에서도 묻는 것이거나 ③ 문맥은 맞는데 시제가 맞지 않거나 ④ 문제에 등장했던 단어인데 선택지에 등장했다면 99.9% 답이 아닙니다. Part 3,4는 반드시 두 번째 들으실 때 두 사람의 관계, 돈의 액수, 토픽 등 중요 정보를 받아 적어야 합니다. 지문에 나온 단어나 어구들이 선택지에 나온 경우 그게 답인 경우가 많습니다. Part 3,4에서 Main topic을 묻는 문제가 나온 경우 첫 대화나 첫 문장에 90% 이상 답이 되는 어구들이 숨어 있습니다. 두 번째 들으실 때 그걸 유의하면서 들으세요.

청해 시험 Part 1,2는 한 번만 들려 주기 때문에 단어 하나, 발음 하나가 중요합니다. Part 1의 경우 첫 단어가 무엇으로 시작하는지 잘 파악하세요. Part 1의 문제는 제가 〈TEPS 청해 어휘의 달인이 되는법〉에서 다룬 문제들이 자주 출제됩니다.

● 의문사가 있는 의문문 (Why, When, Where, How, etc.)

선택지가 Yes/No로 시작하는 경우는 일반적으로 답이 아닙니다. 답이 무엇일까라는 정보를 가장 확실히 흘리므로 배점이 다른 시험보다 낮습니다.

● 의문사가 없는 의문문 (Do you ~?, Are you ~?, Is it ~?, Isn't it ~?, Have you ~? 등)

Yes/No가 답으로 등장하거나 Actually I am, I do, I'm afraid ~ 처럼 가부 형태의 답이 대부분 정답이 되는 경우가 많습니다. 가끔 중립적인 답(I'm not sure., I have to check.)이 등장하는 경우도 있습니다.

● 평서문

초대, 인사, 사과, 감사 등 다양한 토픽이 답으로 나오므로 평소 공부할 때 질문에 대한 많은 응답을 익혀 두는 것이 중요합니다. 2004년 7월 시험처럼 첫 문제부터 Do you have a tie?와 Do you have time?의 차이를 묻는다거나 How are you?와 What's up?의 차이(의문사 How는 상대방의 안녕을 묻고, What은 근황을 묻기 때문에 What's up?이라고 물을 때는 Fine, thank you.보다는 Nothing special.이라고 대답합니다) 묻는 문제가 출제되기 때문에 표현 하나하나에 신경을 써야 합니다.

Part 2의 경우 대화가 세 마디 주어지고 네 번째 마디를 묻는 경우가 대부분인데, 첫 번째와 두 번째 부분에 20% 정도 비중을 두고 세 번째 마디에 80% 정도 비중을 두고 들어야 합니다. 예를 들어

> A: How's your dad nowadays? 요즘 너희 아버지 어떠시니?
> B: He's pretty well, thanks. 꽤 잘 지내셔. 고마워.
> A: It's been ages since I saw him last. 마지막으로 뵌 지 꽤 오래됐다.
> B: _______________

(a) That's right, time files.
(b) He is taking some sleeping pills, but in a good condition actually.

이런 식인데 그냥 한 번 들려 주는 대화를 듣다 보면 네 번째 마디에 들어갈 대화문을 어느 부분의 응답으로 맞춰야 할지 애매할 때가 있습니다. 당연히 첫 번째의 How's ~?에 맞추면 안 됩니다. 세 번째 It's been ~(시간이 많이 흘렀다는 내용)에 맞춰서 That's right, time files.(맞아, 시간이 참 빨리 지나가지.)를 골라야 합니다.

Part 3, 4 문제 풀이, 이렇게 하자!

Part 3은 아직까지 수험생들이 청해 파트에서 가장 쉽게 생각하는 파트입니다. 두 번 들려 주는데다가 대화 내용이 일상회화라서 쉬운 생활 영어책으로 준비하면 대부분 쉽게 맞힐 수 있습니다. Part 3의 경우 처음 들을 때 중요한 정보(숫자, 사람 이름, 약속 시간, 전개되는 사실)를 시험지에 적어 두어야 합니다. 만일 대화의 토픽을 묻거나 두 사람의 관계를 묻는 문제가 나온다면 두 번째 들을 때 도입 부분만 제대로 들으셔도 답을 고르기가 편합니다.

Part 4는 주제문 파악, 진위 문제, 추론 문제 등이 등장하며 보도문이 상당수를 차지합니다. 이 파트를 제대로 준비하려면 기초 CNN 교재로 중요 토픽을 파악하는 훈련이 중요합니다. 이 파트는 처음 들을 때 지문이 보도문인지 논문 발표인지 일기문인지 편지인지 등을 파악하면서 숫자 등 중요 정보가 나오면 시험지에 받아 적다가 두 번째 들려 줄 때 해당 질문에 맞춰 들으면서 답에 접근해야 합니다. 평소에 우리나라 신문이나 영자 신문을 읽어 배경 지식에 대한 사전 지식을 알고 있어야 합니다. 혹시라도 영어 소설은 공부하지 마세요. 소설은 TEPS에 안 나옵니다.

Part 3,4를 청취하실 때는 특히 부정문, 이중 부정문, 〈부정문+비교문〉, 비교문의 뜻을 나타나는 긍정문, 최상급이 쓰인 보기를 조심하세요. Part 3 긴 대화나 Part 4 지문에 위의 부정, 비교 문장들이 나올 때는 이를 긍정문이나 최상급으로 바꾼 보기가 나올 것이라고 예상해야 합니다. 실제로 이런 것들이 답으로 등장하는 경우가 많습니다.

did not like an unclean house →liked a clean house
No one is more beautiful than Jane is. →Jane is the most beautiful girl.
not sad → pleased/happy

Part 3,4 문제에서 선택지를 들을 때는 확신이 서지 않더라도 시간을 끌지 말고 결정하세요. 긴 대화나 지문은 두 번 들려 주지만 선택지는 남자 음성으로 오로지 한 번만 들려 주고, 문제를 듣고 답을 표시하는 시간이

2, 3초밖에 없으므로 지체하지 말고 답을 결정해야 합니다. 우물쭈물하는 사이에 다음 문제는 이미 시작합니다. 초보자들은 미련이 많고 고수들은 과감합니다.

문법 (Grammar)

문법의 최근 출제 경향을 파악하자!

문법의 경우 주로 출제되는 내용은 시제, 분사구문, 수동태, 문장의 형식(특히 5형식에서 목적격 보어 집어넣기), 조동사, 명사와 관사, 어순, 일치, 대명사입니다. 요즘은 접속사, 관계사 부분이 자주 출제됩니다. 항상 출제되는 시제, 조동사, 수동태, 준동사(특히 분사), 명사, 전치사 부분은 중점적으로 공부하세요.
Part 4의 경우 그냥 독해하지 말고 각각 선택지의 주어, 동사를 파악해서 ① 수의 일치 (주어와 동사의 단수 복수 일치), ② 시제 일치 (각 선택지들 간의 시제 흐름 일치), ③ 태의 일치 (능동태, 수동태)가 맞는지만 확인해도 상당수 문제를 풀 수 있습니다. 문법의 경우 시험 당일 오답 노트를 갖고 가서 한 번 쭈욱 훑어보면 많은 도움이 됩니다. 만일 오답 노트가 없으면 〈TEPS 문법의 달인이 되는 법 포켓북〉에 정리되어 있는 문법 공식들을 반드시 보고 시험에 임하세요.

일반적으로 TEPS를 속도화 시험이라고 합니다. 문법 영역은 50문제에 25분이 주어지므로 계산상으로는 문제당 25초를 쓸 수 있지만 답을 기입하는 시간을 감안하면 한 문제를 약 20초 이내에 해결할 수 있어야 합니다. 따라서 문장의 구조를 분석하려 하기보다는 직접적으로 옳고 그름을 파악할 수 있는 수준에 이르도록 노력해야 합니다.

눈에 띄는 문법 출제 경향을 살펴보자!

TEPS의 문법 영역은 TOEIC이나 TOEFL과는 크게 다른 형식을 취하고 있습니다. 밑줄 친 부분의 오류 파악과 같은 문제는 출제되지 않는다는 점에 유의해야 합니다.
그렇다고 지금까지의 문법 지식이 전혀 필요 없다는 것은 아닙니다. 다만 단편적으로 알고 있었던 문법적 내용을 체계화할 필요가 있습니다. 반드시 활용할 수 있는 문장과 연결해서 학습하도록 해야 합니다.

그리고 수동 분사구문과 능동 분사구문을 직감적으로 파악할 수 있는 수준에 도달하도록 많은 예문을 접하고, 능동적으로 활용해 보아야 합니다. 수동 구문에 대한 이해는 관계사와 더불어 영어를 공부하는 데 있어 가장 기본적인 사항이므로 반드시 숙지하고 넘어가야 합니다.

부정사, 동명사의 쓰임도 눈여겨볼 필요가 있습니다. 이 부분도 TEPS 문법 영역에서 자주 출제되는데, 단편적으로 to부정사를 목적어로 취하는 동사 내지는 동명사를 목적어로 취하는 동사를 암기하기보다는 다양한 표현을 접하면서 to부정사나 동명사가 나오면 그때그때 관심을 갖고 하나씩 익혀 나가는 것이 효과적입니다. 지금까지 치러진 일반 시험의 내용을 토대로 TEPS 문법 영역 문제의 성격을 분석해 본 결과, 수동 표현과 능동 표현의 이해를 묻는 문제도 여러 형식으로 출제된 것으로 파악되었습니다. 이 부분은 능동태와 수동태에 대한 이해를 철저히 한 다음, 준동사 구문에서도 이를 자유롭게 활용할 수 있느냐 하는 것이 관건이 됩니다.

어휘 (Vocabulary)

어휘는 문장 단위로 의미를 파악하자!

어휘 파트의 경우 청해에 나왔던 단어나 표현이 다시 나오는 경우가 많습니다. TEPS 어휘 파트를 다른 시험 준비하듯이 단순한 단어 의미 파악 위주로 준비하면 큰코다칩니다. 한 문장 안에서 그 어휘가 어떤 의미로 쓰였는가를 묻는 문제들이 주를 이루기 때문에 평소 공부할 때도 단어 하나하나보다는 문장 단위로 암기해야 합니다. 시험을 볼 때도 그냥 빈칸과 선택지 단어들만 보고 섣부르게 답을 유추하지 말고 문장 전체의 의미 파악을 한 다음 선택지를 보시기 바랍니다.

TEPS 어휘 영역에서는 쉬운 단어에 특히 주목할 필요가 있습니다. 우리가 익숙하다고 주의를 기울이지 않지만, 실상은 정확한 쓰임을 몰라서 실수할 수 있는 단어들이 TEPS 어휘 영역의 주요 출제 대상이 됩니다. 그리고 철자가 비슷한 단어들이나 모양이 비슷한 단어들을 구별하는 문제들도 매회 거의 빠지지 않고 출제되고 있습니다.

영영사전으로 분명한 의미를 알아두자!

흔히 동의어라고 생각되지만 쓰임이 각각 다른 단어들이 많이 있으므로, 양적인 면에 너무 집착하지 말고 개별 단어의 정확한 쓰임을 의미 있는 문장을 통해 착실히 익혀 두는 습관이 필요합니다. 이때 가급적이면 예문이 풍부한 영영 사전을 이용하는 것이 좋고, 이러한 실용 영어 능력에 추가하여 TOEFL 수준의 어휘력으로 보강한다면 TEPS 어휘 영역에서 큰 어려움은 없을 것입니다.

개인적인 목적이 있다면 모르겠지만 몇 년이 가도 한 번 볼까 말까한 난해한 단어를 공부하는 데 더 이상 시간을 낭비하지 않는 것이 좋습니다. TEPS에서는 실제 영어에서 활용 빈도가 낮은 표현이나 구문은 출제를 꺼리는 경향이 있다는 점을 명심해 두시기 바랍니다.

지금까지 TEPS 어휘 영역에서 출제된 단어의 수준은 기존의 다른 영어 시험들과 비교할 때 결코 어렵다고 할 수는 없으나, 기본적으로 속도 감각이 뒷받침되어야 좋은 점수를 얻을 수 있습니다. 신속한 문제 해결 능력을 위해서는 정확한 표현이 내재화되어 있어야 하므로 쉬운 의미라고 하더라도 반복적으로 활용하는 습관이 중요합니다.

informal한 영어 표현에 주목하자!

informal한 영어 표현에도 익숙해져야 합니다. 여기서 informal이라는 말은 격의 없이 일반 구어체에서 빈번하게 사용되는 표현이라는 말로 저속한 표현과는 다른 개념입니다. 문어체 표현과 관련해서는 기존의 다른 시험과 큰 차이를 나타내지 않고 있습니다.

TEPS 어휘 영역에서는 문제를 빠른 속도로 해석하지 못하면 정답을 맞출 수 없습니다. 개별적인 단어의 뜻을 아는 것만으로는 부족합니다. 따라서 이 영역은 독해와 청해의 기초를 쌓는다는 마음으로 접근하시기 바랍니다. 그리고 TOEIC이나 TOEFL에 등장하는 어휘 외에 단어를 통해 뜻을 짐작할 수 있는 연어(collocation) 표현(*e.g.* arrange flowers 꽃꽂이하다)에도 관심을 가져야 합니다.

독해 (Reading Comprehension)

독해는 문제를 거꾸로 풀자!

독해는 거꾸로 푸는 것이 바람직합니다. 문법 Part 3,4와 독해 Part 2,3이 배점이 상당히 높은 파트인데, 안타깝게도 많은 분들이 이 파트를 찍습니다. 2006년 이후 TEPS 독해 파트는 전체적으로 지문의 길이가 짧게 출제되고 있고, 지나치게 전문적인 학술문보다는 잡지에서 볼 수 있는 내용과 실생활에서 자주 보게 되는 지문들이 많이 출제되고 있습니다. 주로 광고 문안, 신문이나 잡지의 기사, 시사적인 내용, 편지, 컴퓨터 지시문, 인문, 사회에 관련된 내용들이 많습니다. 그래프, 도표, pie chart와 관련된, 수능 시험 같은 문제는 나오지 않습니다.

TEPS 독해 파트에서 고득점을 받으려면 많은 글을 읽고 각 문단의 주제를 파악하면서 문단의 흐름을 정확하게 이해하려는 노력이 필요합니다. 비즈니스를 다루는 TOEIC과는 수준이 다른, 다소 어려운 부분이 TEPS의 독해 파트입니다. 다독만큼 좋은 독해 학습은 없습니다. 주제문은 보통 문단 앞부분에 있습니다.

선택지를 가장 먼저 읽자!

TEPS 독해 문제를 풀 때 항상 명심할 것은 가장 먼저 선택지를 읽어서 이 문제가 뭘 물어보는지를 파악한 다음 지문을 두 번 읽는 것입니다. 처음 읽을 땐 이 지문이 뭔지 빠르게 파악하고(광고인지, 편지인지, 비전문 설명문인지) 동시에 지문 중 역접의 접속어(But, However, Nevertheless)가 있는지 파악해야 합니다. 만일 이런 게 있다면 그 역접의 접속어 주변에 항상 답이 있기 때문입니다. 두 번째 읽을 때는 선택지와 처음 읽었을 때 얻은 정보를 근거로 답이 아닌 것을 머릿속에서 소거해 가며 읽어나가서 답에 접근합니다.

선택지를 먼저 읽어야 하는 이유는 이 지문에서 논점이 뭔지 문제를 통해 알 수 있으므로 지문들 읽을 때 문제에서 요구하는 정답을 쉽게 찾아낼 수 있습니다. 요즘은 선택지만 봐도 답이 나오는 문제들이 출제됩니다.

의외로 답이 쉽게 나오고 선택지가 정답 하나, 오답 세 개 식으로 확실히 갈리는 경우도 많습니다. 따라서 일단은 선택지를 먼저 보고 무엇을 물어보는 건지 파악한 다음 선택지 내용을 기억하시면서 지문을 빠르게 한 번, 평균 속도로 한 번 더, 이렇게 두 번을 읽습니다.

처음 훑어볼 때는 이 지문이 보도문인지 비전문 학술문인지 편지인지 공고인지 등만 확인하고, 지문 중에 But, However, Nevertheless 등 지문의 흐름을 바꾸는 역접의 접속어가 있는지를 확인합니다. 그리고 역접의 접속어가 중간이나 앞에 나오면, 상당수가 그 앞에 someone (어떤 사람들은)이라는 단어가 나올 겁니다. 글쓴이의 의도라는 게 어떤 사람들은 이러이러하게 생각한다고 하지만 이 글을 쓰는 나의 주장은 그게 아니라는 식으로 다음에 대구를 이루는 표현이 나온답니다. 따라서 역접의 접속어 앞에 나온 내용은 주제문이 되는 경우가 없고, 항상 그 바로 뒤에 나오는 문장이 주제문으로 나옵니다. 그리고 문제를 물어 보는 유형은 극히 한정되어 있으니 문제 지문 유형이 전부 다르면 어쩌나 하는 걱정은 안 하셔도 됩니다.

Part 1은 빈칸 위치를 파악하자!

독해 Part 1은 빈칸의 위치가 가장 중요합니다. 빈칸의 위치에 따라 위에 있으면 주제어 찾기, 중간에 있으면 연결어 찾기, 밑에 있으면 요약어나 구 찾기로 출제되는데 빈칸의 위치가 위에 있는 경우 글의 주제일 확률이 높아서 빈칸이 들어갈 문장과 그 다음에 이어지는 문장만 읽은 다음, 선택지를 다시 보면 답이 나오는 경우가 많습니다. 빈칸의 위치가 중간에 있는 경우 연결사를 묻는 경우가 많으므로 빈칸이 들어간 문장 바로 앞뒤 문장을 보면 답이 나오는 경우가 대부분입니다. 빈칸의 위치가 맨 아래에 있는 경우, 요약이나 결론이 많으므로 첫 문장과 연결시키면 오히려 답으로 연결되는 경우도 많습니다. 그리고 참고할 것이 지문에 반복되어 강조되는 단어나 어구가 있는데 그게 선택지에 있으면 그게 답인 경우도 많습니다.

정답이 보이는 문제부터 풀자!

시간 없으면 15, 16번을 먼저 풉니다. 15, 16번은 항상 연결사를 물어봅니다. 그 문제의 경우 빈칸 주위만 봐도 답이 나오기 때문에 그 중에 빨리 답이 나옵니다. 참고하실 것이 역접어구들(however, nevertheless, whereas 등)이 정답으로 등장하는 경우가 가장 많으므로 정 시간이 없으면 참고하세요.

문제들 중 Main topic이나 편지의 목적을 묻는 경우 선택지가 (a) to appreciate (감사하기 위함) (b) to point out (지적하기 위함) (c) to criticize (비판하기 위함) (d) to argue (따지기 위함) 이런 식으로 to부정사 형태로 나오는 경우도 많습니다. 선택지 (b), (c), (d)는 전부 부정적 어구들인 반면 (a)는 홀로 긍정적 어구라는 것을 알 수 있습니다. 이런 경우 답은 당연히 (a)입니다. 서간문, 광고문의 경우 시간을 너무 오래 잡지 마세요.

25번부터 37번에 이르는 문제들 중 세부 내용 묻기, 추론(inference)의 경우 내용이 어렵고 선택지를 하나하나 대입해서 답을 스스로 도출해야 합니다. 특히 추론 문제의 경우 지문에 안 나온 것도 답인 경우가 있어서 TEPS 점수가 700점 이상이 아니면 이 부분은 맨 나중에 푸세요. 이 문제 갖고 5~6분씩 끌면 정말 곤란합니다. 그리고 작가의 tone을 묻는 문제는 꼭 푸세요. 내용 파악보다 지문에 등장하는 단어들의 뉘앙스만 잘 파악하면 대부분 쉽게 답이 나오니까요.

독해 Part 3은 3문제이지만, 한 문제당 14~15점이기 때문에 어휘 시험 끝나자마자 풀고 Part 1을 푼 다음 시간 될 때까지 Part 2를 풀다가 "공포의 언니 방송"이 나오면 나오세요. Part 3의 경우 첫 문장(주제문)을 잘 보고 그 주제문과 topic, tense, tone이 다른 "미운 오리 새끼"를 고르면 됩니다. 이 부분은 상당수 학생들이 두 개씩은 맞습니다. 이 파트를 먼저 푸는 것 잊지 마세요.

이상입니다. 맘 편히 가지시고 시험 잘 보세요! 여러분께서 갈고 닦으신 능력 이상으로 힘을 발휘하실 수 있도록 옆에서 기도해 드리겠습니다.

I'll keep my fingers crossed for you!

New TEPS MASTER 750

Listening Comprehension

Chapter 01

의문사가 있는 의문문 (1)

Who, Where, What, Why, When 등 의문사가 나오는 의문문 문제 유형은 반드시 맞히고 넘어가야 하는데, 복합의문사로 물어보는 경우엔 쉽지 않기 때문에 이에 대한 대답 유형들도 잘 숙지해 두어야 한다. What do you think of ~?(의견), What made ~?(이유), What kind of ~?(종류), What should I do ~?(방법), What's it like ~?(상태), How long ~?(기간), How many ~?(수), How often ~?(빈도, 횟수), How soon ~?(시간), How come ~?(이유), How do you like ~?(소감, 평가), How would you like ~?(제안) 등을 특히 유의해서 본다.

Sample

W: How can I repay you for your great hospitality?

M: ___________________________

(a) That's none of our business. Don't worry about it.

(b) Don't mention it. You're welcome at any time.

(c) The hospital is not very far from here.

(d) That's alright. No need to be sorry.

해설 의문사 How로 시작하는 의문문으로 여자가 남자에게 환대를 해준 것에 대해 감사를 하고 있으므로, 감사에 대한 응답인 (b)가 가장 자연스럽다. 일반적으로 감사에 대한 응답은 겸양을 표현하는 것이 보통이다.

어휘 hospitality 환대, 후한 대접
none of someone's business ~가 상관할 일이 아니다
at any time 아무 때나

Actual Test

Part I Choose the most appropriate response to the statement.

1. (a) (b) (c) (d)
2. (a) (b) (c) (d)
3. (a) (b) (c) (d)
4. (a) (b) (c) (d)
5. (a) (b) (c) (d)

Part II Choose the most appropriate response to complete the conversation.

6. (a) (b) (c) (d)
7. (a) (b) (c) (d)
8. (a) (b) (c) (d)

Actual Test Script

1 W: Hey, James! How are you doing?

M: ________________________________

(a) It's too easy. Let me show you.

(b) Couldn't be better.

(c) I'm not going anywhere.

(d) By car, I guess.

> **어휘** couldn't be better 더 이상 좋을 수 없다
> by car 차로, 차를 타고

2 M: Why was Andrew fired?

W: ________________________________

(a) The bush fire in Australia is out of control.

(b) He goofed off all the time in spite of several warnings.

(c) His boss told me that he was very dedicated employee.

(d) Because I got a flat tire.

> **어휘** be fired 해고당하다
> goof off 빈둥거리다(= goof around)
> flat tire 펑크 난 타이어

3 M: What is your New Year's resolution, Jennifer?

W: ________________________________

(a) Happy new year, my friend. Hope your business goes well.

(b) I used to study German, but it was hard.

(c) She is the girl who lacks resolution.

(d) I'm definitely going to get in shape this year.

> **어휘** resolution 결심, 결단력
> get in shape 몸을 단련하다, 몸을 만들다, 건강해지다

4 W: What brought you to New York?

M: ______________________________

(a) We have great discounts on airline tickets.

(b) I only brought a small suitcase.

(c) I want to see a Broadway show.

(d) Well, how can I help?

어휘 bring 데려오다, 가져오다
suitcase 여행가방

5 W: What time does the concert in the park begin?

M: ______________________________

(a) Yes, the concert will be held in the park.

(b) It starts at 9:00 sharp.

(c) Yes, this is a good place to park.

(d) At 10 o'clock last night.

6 M: The rumor has it that the city council plans to construct a new apartment complex here.

W: I've heard about it. I'm afraid we have to move out of this place.

M: What makes you say that?

W: ______________________________

(a) Because I got a job at the city council.

(b) I'm fed up with this apartment. That's why.

(c) They're going to tear it down in no time.

(d) I'm not interested in moving out.

어휘 apartment complex 아파트 단지
move out of ~에서 이사 나가다
be fed up with ~에 질리다
tear down 철거하다, 부수다

Actual Test Script

7 W: John, we've got a new secretary in the office today.

M: OK, have you informed her of our policy?

W: Not yet. What do I need to tell her in the first place?

M: ___________________________

(a) Housework is never done.

(b) Ask her for a raise.

(c) Let's have some coffee, shall we?

(d) Tell her to be punctual.

> **어휘** inform 알리다, 통보하다
> policy 정책, 방침
> raise (봉급) 인상
> punctual 시간을 엄수하는

8 M: Can you make it to my dinner party tomorrow?

W: No, I can't find a babysitter.

M: Why don't you bring the baby with you?

W: ___________________________

(a) I'm hosting a baby shower as well.

(b) Because it would be too annoying.

(c) I might be able to manage that.

(d) Alright, I'll make it up to you.

> **어휘** babysitter 보모, 애기를 봐주는 사람
> baby shower 산모를 위해 출산 전에 벌이는 파티로, 선물로 출산용품을 미리 준비해 줌
> *cf.* bridal shower 예비신부를 위해서 결혼 전에 벌이는 파티로, 예비신부에게 필요한 물건을 미리 줌
> make it up to somebody ~에게 보상하다

Essential Questions for L/C

✚ 의문사가 있는 의문문의 기출 질문 (1)

1 **What makes you say that?** 왜 그렇게 생각해요?

2 **What did you like about it?** 어떤 점이 마음에 들었죠?

3 **What is your seating preference?** 선호하시는 좌석 있으세요?

4 **What are you going to do?** 어떻게 할 거죠?

5 **What is happening?** 무슨 일이죠?

6 **What should I do?** 내가 뭘 해야 하죠?

7 **What is Seoul like?** 서울은 어떤 곳이죠?

8 **What brought you here?** 여기는 어떻게 오셨나요?

9 **What does he look like?** 그 사람은 어떻게 생겼나요?

10 **What are those for?** 저것들은 뭐를 위한 거죠?

11 **What line of work are you in?** 어떤 종류의 일을 하고 계신가요?

12 **What do you think about ordering pizza tonight?** 오늘밤 피자 시켜 먹는 게 어때요?

13 **What are you supposed to do?** 어떻게 하실 거예요?

14 **What did the weatherman say about the hurricane last night?**
지난밤 허리케인에 대해 기상예보관이 뭐라고 했죠?

15 **Who were you trying to reach?** 누구한테 전화하신 건가요?

16 **Who were you talking with outside?** 밖에서 당신하고 얘기한 사람은 누구죠?

17 **Who is the right person?** 누가 적임자죠?

18 **Who is supposed to do this?** 누가 이걸 하기로 되어 있죠?

19 **Who will be promoted in our team?** 우리 팀에서 누가 승진을 하나요?

20 **When is the application due?** 신청서 마감이 언제죠?

21 **When is your baby due?** 출산 예정일이 언제죠?

22 **When are you coming back to Korea?** 한국에는 언제 돌아오시죠?

Chapter 02

의문사가 있는 의문문 (2)

> Why, When, Where, How 등 의문사가 있는 의문문의 경우, 선택지가 Yes/No로 시작하면 일반적으로 답이 아니다. 또한 Where과 When의 답변의 경우, 혼동을 유발하는 문제가 최근 많이 출제되고 있으므로 이에 대한 선택지에 유의하도록 한다.
> 또한 Why don't you/we ~?는 권유나 제안을 나타낸다는 것을 명심하고 혼동하지 않도록 한다.

Sample

W: Is there anything I can help you with, or are you just browsing?

M: I'm actually looking for a gift for my sister and I have no idea what to buy.

W: Well, what kinds of things does your sister enjoy?

M: _______________________________

(a) That's just it. I'm not sure what she's really into.

(b) Thanks, but I think I'll be OK on my own.

(c) Well, I really enjoy reading books whenever I have time.

(d) I don't think she would like that very much.

해설 대화에서 여자는 상점 직원이고 남자는 손님이라는 것을 알 수 있다. 여자가 남자에게 특별히 찾고 있는 물건이 있는지 그냥 둘러보는 것인지를 묻는데 남자는 여동생에게 줄 선물을 찾고 있는 중이고 뭘 살지를 모르겠다고 한다. 여자는 도움을 주기 위해 여동생이 무얼 좋아하냐고 묻고 있다. 남자의 마지막 대답으로는 여동생이 좋아하는 것들을 말하거나 혹은 잘 모르겠다고 말할 것으로 예상해 볼 수 있다. (a)의 what she's really into는 '그녀가 진정으로 좋아하는 것'으로 be into는 be interested in을 의미하므로 동생이 뭐에 관심이 있는지를 몰라서 무슨 선물을 살지 모르겠다는 (a)가 정답으로 가장 적절하다. (b)는 대화의 맨 처음에 도와줄까라고 물었을 때 그냥 혼자서도 괜찮다는 대답으로 적절하지, 남자의 마지막 말로는 적절하지 않다. (c)는 자신이 시간이 날 때마다 책읽기를 즐긴다고 했지만 남자가 아닌 여동생이 좋아하는 것을 물었으므로 정답이 될 수 없다. (d)는 선물로 줄 만한 물건을 두고 할 수 있는 말로, 무엇을 살지도 모르는 상황에서는 적절치 않은 응답이다.

어휘 browse 둘러보다
be into ~에 관심이 있다(= be interested in)

Actual Test

Part I   Choose the most appropriate response to the statement.

1.   (a)   (b)   (c)   (d)

2.   (a)   (b)   (c)   (d)

3.   (a)   (b)   (c)   (d)

4.   (a)   (b)   (c)   (d)

5.   (a)   (b)   (c)   (d)

Part II   Choose the most appropriate response to complete the conversation.

6.   (a)   (b)   (c)   (d)

7.   (a)   (b)   (c)   (d)

8.   (a)   (b)   (c)   (d)

Actual Test Script

1 M: What's up?

W: ___________________________

(a) Fine, thanks.
(b) Not too bad.
(c) That will do.
(d) Nothing much.

> 어휘 What's up? 무슨 일이야?, 별일 없어?, 뭐가 문제야?

2 W: Why was the soccer match canceled?

M: ___________________________

(a) I've got an important match.
(b) It's been called off due to the rain.
(c) They promised to call him back.
(d) You don't have to cancel your appointment.

> 어휘 soccer match 축구 경기
> cancel 취소하다(= call off)
> appointment (공식적인 만남이나 병원 진료 및 미용실 등의 예약) 약속

3 W: How did you find your new apartment?

M: ___________________________

(a) It was really difficult to find.
(b) Everybody wants to find it.
(c) Through classified ads.
(d) I'm completely exhausted.

> 어휘 classified ad 신문의 항목별 광고란
> exhausted 지친, 녹초가 된

4 W: Sir, how would you like your hair cut?

M: ________________________________

(a) My hair stood on end.

(b) Fill her up, please.

(c) Take a little bit off the ends.

(d) I gave my mom gray hair.

> **어휘** fill her up (차에) 기름을 넣다
> take off 제거하다, 잘라내다
> give someone gray hair ~에게 걱정을 끼치다

5 M: Why don't we share a taxi and split the fare?

W: ________________________________

(a) You've got a deal.

(b) Alright, let's split the bill.

(c) Sure, I'd like to share time with you.

(d) Could you drop me off at the Inter-continental Hotel?

> **어휘** fare 교통 요금
> split 나누다, 쪼개다
> drop off 내려주다

6 M: What sort of car do you have?

W: A four wheeler and a sports car, but they are both old.

M: How do you take care of them?

W: ________________________________

(a) Driving the four wheeler is more fun.

(b) I just have them examined at the shop regularly.

(c) The sports car is still healthy and fast.

(d) My husband takes good care of me.

> **어휘** four wheeler 사륜 구동 차
> shop 가게, 상점. 여기서는 auto shop(자동차 정비소)을 의미
> take care of 돌보다, 관리하다

Actual Test Script

7 W: What happened, Matthew? I thought you would bring your younger sister along.

M: I was going to, but I convinced her to stay home.

W: Really? What did the trick?

M: _______________________________

(a) She's been acting very strange to me lately.

(b) I can't stand her playing tricks on me.

(c) She tricked me into going there with her.

(d) I promised to buy her a Bobby doll.

> **어휘** do the trick 효과가 있다, 잘 해내다, 목적을 달성하다
> play tricks on ~를 놀리다
> trick somebody into -ing ~를 속여서 …하게 하다

8 M: I'm exhausted. Do we have more to do?

W: We are almost there, but I'm actually dog tired, too.

M: Why don't we call it quits, then?

W: _______________________________

(a) Yeah, I've decided to resign tomorrow.

(b) Yeah, let's put the rest on the back burner.

(c) No, that's a brilliant idea.

(d) No, don't leave your company so easily.

> **어휘** exhausted 녹초가 된, 지친
> call it quits 그만하다, (오늘은) 이만 하기로 하다
> put something on the back burner ~을 뒤로 미루다

Essential Questions for L/C

✚ 의문사가 있는 의문문의 기출 질문 (2)

1 Where did you move from? 어디에서 이사 오셨나요?

2 Where did you go on your trip? 여행에서 어디를 가셨나요?

3 Where have you been? 어디 있었어요?

4 Where is Lotte department located? 롯데 백화점은 어디에 있나요?

5 How do you keep yourself looking so fit? 어떻게 그렇게 건강을 유지하시나요?

6 How much is the fare to Narita airport? 나리타 공항까지 요금이 얼마죠?

7 How have you been? 어떻게 지내셨어요?

8 How come you didn't go there? 왜 거기에 안 가셨어요?

9 How is your public speaking course going? 대중 연설 코스는 잘 되고 있나요?

10 How old are the children that attend the preschool?
유치원에 다니는 아이들은 몇 살인가요?

11 How many times have you seen this movie?
이 영화를 몇 번 보셨어요?

12 How long have you had a headache? 두통이 난 지 얼마나 됐어요?

13 Which is the best route? 어떤 게 가장 좋은 길이죠?

14 Which direction do I need to go to get to Central Park?
센트럴 공원에 가려면 어느 방향으로 가야 하죠?

15 Why not? 왜 안 되는데?

16 Why don't you take a little rest? 좀 쉬지 그래요?

17 Why is the bookstore your favorite place? 서점이 가장 좋아하는 장소인 이유가 뭐니?

18 Why is she so depressed? 그녀는 왜 그렇게 우울하니?

19 Why not join me for a night of bowling? 오늘밤 볼링 한 게임 하지 않을래?

20 Where were you coming from? 어디 갔다 오는 길이니?

21 What seems to be the problem? 뭐가 문제인 것 같나요?(병원에서 환자에게)

22 What would you like me to do? 제가 뭘 하면 좋겠어요?

Chapter 03

의문사가 없는 의문문 (1)

Do you ~?, Are you ~?, Is it ~?, Have you ~?, Isn't it ~? 등의 형태로, Yes/No가 답으로 등장하거나 Actually I am, I do, I'm afraid ~처럼 가부 형태의 답이 대부분 정답이 되는 경우가 많다. 가끔 중립적인 답(I'm not sure., I have to check.)이 등장하는 경우도 있다.

Sample

M: Do you mind opening the window?

W: _______________________________

(a) Yes, thank you.
(b) Of course not.
(c) Sure, go ahead.
(d) Beats me.

해설 Would/Do you mind로 시작되는 요청문에 적절한 응답을 고르는 문제이다. 동사 mind(꺼리다)의 의미상의 특성 때문에 항상 응답에 주의를 해야 한다. '~하는 것을 싫어하거나 꺼리나?'의 뜻이므로, 여기에 Yes/Of course 등의 긍정의 대답을 하면 '꺼린다'는 응답이 되어 요청을 거절하는 것이 되므로, 요청을 수락할 경우엔 Yes가 아닌 No를 쓰거나, Of course 뒤에 부정어 not 등을 넣어서 응답을 해야 한다. 따라서 정답은 (b)이다. (c)는 Sure와 go ahead는 논리적인 모순이 생기기 때문에 Would/Do you mind로 시작되는 의문의 응답으로는 쓸 수 없음에 유의해야 한다.

어휘 mind 꺼림직하게 생각하다, 신경 쓰다, 싫어하다
beats me 나도 몰라

Actual Test

Part I Choose the most appropriate response to the statement.

1.   (a)   (b)   (c)   (d)

2.   (a)   (b)   (c)   (d)

3.   (a)   (b)   (c)   (d)

4.   (a)   (b)   (c)   (d)

5.   (a)   (b)   (c)   (d)

Part II Choose the most appropriate response to complete the conversation.

6.   (a)   (b)   (c)   (d)

7.   (a)   (b)   (c)   (d)

8.   (a)   (b)   (c)   (d)

Actual Test Script

1 W: Can you tell me when my flight takes off?

    M: _________________________________

    (a) Try asking at the check-in counter.

    (b) It normally takes about a month.

    (c) Well done. I'm happy for you.

    (d) Sorry, I can't wait for it to take off.

> **어휘** take off 이륙하다
> check-in counter 탑승 수속 창구, 체크인 카운터

2 W: Hello. May I speak to Brian? Is he there?

    M: _________________________________

    (a) Sorry, he has gone for the day.

    (b) He said he will be here tomorrow afternoon.

    (c) I didn't notice he went.

    (d) No, he is available now.

> **어휘** notice 알아차리다
> available 이용 가능한, (전화상) 통화 가능한

3 M: Have you seen any decent TVs in the classifieds?

    W: _________________________________

    (a) Yes, I have lots of classes recently.

    (b) No, I think I should look more decent for work.

    (c) Yes, but they were a little too expensive.

    (d) No, TVs are getting cheaper these days.

> **어휘** decent 괜찮은, 쓸 만한, 점잖은

4 M: Would you mind if I dropped by your office?

W: _________________________________

(a) Don't mention it.

(b) Not at all. Anytime.

(c) Yes, I do. Go ahead.

(d) You're telling me.

> 어휘 drop by 들르다(= stop by)
> You're telling me 네 말이 맞아, 정말 그래

5 W: Is there anything else you want me to help with?

M: _________________________________

(a) No, I don't have to help you.

(b) Yes, would you please turn the air conditioner off?

(c) Thanks a million.

(d) By all means.

> 어휘 turn off 끄다
> Thanks a million 대단히 고맙습니다
> By all means 좋고말고요, 물론이죠, 아무렴

6 W: Hi, I'd like to buy a sweater. Any recommendations?

M: Let's see. What about this style? It's back in.

W: Really? Looks OK. Can I wash it with other clothes?

M: _________________________________

(a) You look fantastic with a white shirt.

(b) You must wash it using a lot of water.

(c) Sure, it's machine-washable.

(d) We don't close until 9 o'clock on weekdays.

> 어휘 recommendation 추천
> Let's see 글쎄요, 어디 한번 봅시다(= Let me see)
> be back in 다시 유행하는
> machine-washable 기계 세탁이 가능한, 즉 '세탁기에 넣고 돌려도 되는'이란 의미

Actual Test Script

7 W: I haven't seen Greg around for a while. Have you?

M: I bumped into him last night. It looked like he was preoccupied with something.

W: What's eating him? Do you know?

M: ________________________________

(a) It could be the car accident he caused.

(b) He should go on a diet to lose weight.

(c) He said he was losing his appetite.

(d) Eating more vegetables would be good for him.

> **어휘** bump into 우연히 만나다, 부딪히다
> be preoccupied with ~에 정신이 팔리다, 혼을 빼앗겨 버리다, 열중하게 되다

8 W: Can you have my car ready by tomorrow morning?

M: No problem.

W: Can I count on that?

M: ________________________________

(a) Don't rely on me.

(b) That's easier said than done.

(c) Don't worry! You won't be let down.

(d) Yes, your car is already out of service.

> **어휘** count on 의지하다, 믿다(= rely on / depend on)
> out of service 고장 난
> easier said than done 말이 쉽지, 행동보다 말이 쉽다
> let down 실망시키다

🞢 의문사가 없는 의문문의 기출 질문 (1)

1 Would you mind if I ask you to come? 오라고 부탁드려도 될까요?

2 Would you come over to my house? 우리집에 놀러 올래요?

3 Would you like to come to a movie preview? 영화 시사회에 올래요?

4 Would you pass me the pepper, please? 후추 가루 좀 건네주시겠어요?

5 Do you mind opening the window? 창문 좀 열어도 될까요?

6 Can you meet me for coffee at 3:00 p.m.? 저랑 오후 3시에 커피 한 잔 하실래요?

7 Are you still dating William? 너 아직 윌리엄하고 데이트하니?

8 Do you think Mr. Crompton will accept the position?
크럼턴 씨가 이 자리를 받아들일 거라고 생각하세요?

9 Don't you think you should see him first? 먼저 그를 만나봐야 한다고 생각하지 않으세요?

10 Could you help me? 도와주실 수 있으세요?

11 Will you be alright? 괜찮으시겠어요?

12 Do you know how far the station is? 역이 얼마나 먼지 아시나요?

13 Should I turn off the air conditioner? 제가 에어컨을 끌까요?

14 Is there something wrong? 뭐 잘못된 거라도 있나요?

15 Is there anything I can help you with? 뭐 도와드릴 일 있나요?

16 Can I depend on that? 그 말 믿어도 될까요?

17 Do you know when the film was made? 그 영화가 언제 만들어졌는지 아시나요?

18 Do you mind if I borrow that magazine? 저 잡지 좀 빌려도 될까요?

19 Which one would you like to have, beef or pork? 뭘로 드시겠어요, 쇠고기 아니면 돼지고기?

20 DVDs are overdue, aren't they? DVD 대여 기간이 지나지 않았어요?

21 Have you ever seen my newspaper? 내 신문 본 적 있니?

22 Could you please change this fifty-dollar bill? 이 50달러 지폐 좀 바꿔주실래요?

Chapter 04

의문사가 없는 의문문 (2)

TEPS에서 be동사나 조동사로 시작하는 의문문은 의문사가 있는 의문문보다 훨씬 난이도가 높다. 이러한 의문문에서는 조동사, 시제, 인칭에 대한 정보가 들어있는 문장 첫부분을 반드시 잘 들어야 한다. 또한 부가 의문문은 일반 의문문이 강조된 형태로서 매번 출제되는 단골문제이다.
명심할 것은 이러한 부가 의문문의 경우, 질문이 뭐든지 간에 긍정으로 대답할 때는 Yes, 부정으로 대답할 때는 No로 한다는 것이다. 물론 Yes/No가 생략되는 경우도 많다.

Sample

W: Will my car be ready by seven o'clock?
M: Surely it will.
W: Can I depend on that?
M: ___________________________

(a) Of course. I'll depend on you from now on.
(b) You should be more careful.
(c) Of course. You can count on me.
(d) No, I'm not overcharging you.

해설 조동사 Can으로 시작되는 가능성을 물어보는 의문문에 적절한 응답을 고르는 문제이다. 여자는 남자에게 차 수리를 부탁하면서, 7시까지 수리가 가능한지 여부를 묻고 나서, 믿어도 되는지 재차 확인을 하고 있으므로 이에 대한 응답으로 고객인 여자를 안심시키고 확신시키는 (c)가 가장 자연스러운 응답이다. (a)는 화자의 입장이 바뀌었고, 질문지의 단어 depend가 그대로 등장한 오답 선택지이다.

어휘 depend on ~에 의지하다, 믿다(= count on)
overcharge 바가지 씌우다, 부당한 값을 청구하다

Actual Test

Part I Choose the most appropriate response to the statement.

1. (a) (b) (c) (d)
2. (a) (b) (c) (d)
3. (a) (b) (c) (d)
4. (a) (b) (c) (d)
5. (a) (b) (c) (d)

Part II Choose the most appropriate response to complete the conversation.

6. (a) (b) (c) (d)
7. (a) (b) (c) (d)
8. (a) (b) (c) (d)

Actual Test Script

1 W: I've got a job interview tomorrow. Can you record Gwen's wedding on video for me?

M: ________________________________

(a) That's a pity. Please come by next time.
(b) Of course, I'll lend you my video recorder.
(c) Why not? Be careful with what you are doing.
(d) Just leave it to me. Good luck to you.

> **어휘** job interview 취업 면접
> Just leave it to me (걱정 말고) 그건 나한테 맡겨

2 W: Let's have a rest, shall we?

M: ________________________________

(a) Don't worry. We've already fixed it.
(b) Why don't we just get this done first?
(c) It wasn't me. Somebody else broke it.
(d) OK, I'll call the rest of them.

> **어휘** rest 휴식
> fix 수리하다, 고치다

3 M: Should we call Kim first or just go to her place and see if she's getting better?

W: ________________________________

(a) Leave me alone. I need to go home now.
(b) I think it was rude of you to hang up on her.
(c) That sounds great. Let's go with Kim.
(d) I think we should let her know before we go.

> **어휘** hang up on ~의 전화를 끊어버리다

4 M: Can you tell me where I can get a good meal?

W: ________________________________

(a) Yes, but I'm afraid you are not familiar here.

(b) Well, it's difficult to tell one from the other.

(c) Well, that depends on how much you want to spend.

(d) Sure, I know a really good travel agency for sightseeing.

> **어휘** tell one from the other 구분하다
> depend on ~에 따라 다르다, ~에 달려 있다
> travel agency 여행사
> sightseeing 관광

5 M: Do you ever catch colds?

W: ________________________________

(a) Yes, I have a lot of friends who call me once in a while.

(b) Yes, I always come down with a cold this time of year.

(c) No, I like spring and fall most.

(d) No, we must have your answer by Friday.

> **어휘** catch a cold 감기에 걸리다
> once in a while 이따금 한 번씩
> come down with + 병명 ~병에 걸리다

6 W: There's an important presentation this evening.

M: There is? Are you ready for it?

W: Yeah. But I'm running late. Do you mind giving me a lift?

M: ________________________________

(a) No, you can't run there.

(b) Mind your own business.

(c) Sure, I'm happy to do it for you.

(d) Not at all. Let's go to the car.

> **어휘** mind your own business 네 일이나 잘해, 신경 꺼, 참견하지 마, 상관 마
> give somebody a lift 차를 태워 주다

7 W: Hello. Is Andy there?

M: Sorry, there's no one called Andy here.

W: Isn't this Infotech, Ltd?

M: _______________________________

(a) I'll tell Anderson that you called.

(b) I'm afraid you must have the wrong number.

(c) Would you like to leave a message?

(d) Hang on a minute, I'll get him for you.

어휘 You must have the wrong number 전화 잘못 거셨습니다
leave a message 메시지를 남기다

8 M: Mary, I missed you so much last night.

W: I'm sorry that I couldn't make it to your party.

M: Was there any problem?

M: _______________________________

(a) I tried to get hold of you.

(b) That's easier said than done.

(c) I got tied up at work.

(d) I couldn't care less.

어휘 get hold of somebody ~에게 연락을 취하다
tied up ~에 묶인, 꼼짝 못하는
I couldn't care less 전혀 신경 안 써, 전혀 관심 없어

Essential Questions for L/C

➕ 의문사가 없는 의문문의 기출 질문 (2)

1 Can I ask you a question? 뭐 좀 여쭤봐도 될까요?

2 Do you have anything to declare? 신고하실 물건 있나요?

3 Can I take it for a test drive? 시험운전 해봐도 되나요?

4 Are you being served? 주문하셨나요?

5 Could you give me a ride to the station? 역까지 태워다 주실래요?

6 Do you have time for helping me out with this project? 이 프로젝트 도와줄 시간 좀 있니?

7 Can I have some? 좀 먹어봐도 돼?

8 Do you mind washing the dishes while I run a few errands?
내가 밖에 나가서 몇가지 일을 보는 동안 설거지 좀 해주면 안 될까?

9 Do you think the director made the right decision when he cast Andrew?
감독이 앤드류를 캐스팅하기로 한 거 옳은 결정이라고 생각하니?

10 Would it be possible for me to get an extension for my thesis?
제 논문 제출 마감기한을 연장해주실 수 있으신가요?

11 Do you have time to pick up the materials for our project this afternoon?
오늘 오후에 우리 프로젝트를 위한 자료 좀 찾아볼 시간 있니?

12 Do you know a good computer repair store? 괜찮은 컴퓨터 수리점 아는 데 있니?

13 Could I borrow your cell phone for a second? 네 휴대폰 좀 잠깐 빌려도 되겠니?

14 Can I take you up on that some other time? 다음으로 미루면 안 될까?

15 Is it true that you had hip replacement surgery? 고관절 치환 수술을 받았다는 게 사실이니?

16 Can I exchange these pants? 이 바지들을 교환할 수 있을까요?

17 Can I return these socks, please? 이 양말 좀 환불할 수 있을까요?

18 May I see your receipt? 영수증 좀 보여 주시겠어요?

19 Can you direct me to the nearest post office? 가장 가까운 우체국이 어딘지 알려 주시겠어요?

20 Don't you think we should ask Derrick Jensen to be master of ceremony?
데릭 젠슨에게 사회자가 되어달라고 부탁하는 게 좋지 않을까?

21 Is it done or are you still on it? 그 일은 이미 끝났나요, 아니면 여전히 계속 중인가요?

Chapter 05 | 평서문

평서문은 의문문과 달라서 문장 앞부분을 듣는 것은 별 의미가 없고, 문장 전체의 의미와 상황을 파악해야 한다. 따라서 문장 전체를 듣고 대화의 주제가 무엇인지를 빠르게 파악하는 것이 고득점의 비결이다. 또한 평서문 유형은 특히 관용표현이 가장 많이 나오는 부분이라고 할 수 있으므로, 드라마나 시트콤 등 여러 실용 매체를 통해 관용표현을 익히도록 한다.

Sample

M: Hi, I'd like a round-trip ticket to Philadelphia, please.

W:＿＿＿＿＿＿＿＿＿＿＿＿＿＿＿＿

(a) Could I see your boarding pass, please?
(b) Philadelphia used to be the capital of the United States.
(c) How long would you like to stay?
(d) When would you like to travel?

해설 남자가 여자에게 필라델피아 행 왕복표를 구매하고 있는 상황이므로, 언제 여행을 떠날 것인지를 묻고 있는 (d)가 가장 알맞다.

어휘 round-trip 왕복 여행 (표) *cf.* one way 편도 여행
boarding pass (비행기) 탑승권

Actual Test

Part I Choose the most appropriate response to the statement.

1. (a) (b) (c) (d)

2. (a) (b) (c) (d)

3. (a) (b) (c) (d)

4. (a) (b) (c) (d)

5. (a) (b) (c) (d)

Part II Choose the most appropriate response to complete the conversation.

6. (a) (b) (c) (d)

7. (a) (b) (c) (d)

8. (a) (b) (c) (d)

Actual Test Script

1 W: Matt finally popped the question yesterday.

M: ________________________________

(a) Do you have an answer to it?
(b) He always asks too many questions.
(c) Congratulations! Did you say yes?
(d) You've got to be careful about it.

어휘 pop the question 청혼하다

2 W: Joey just got his pizza all over the couch.

M: ________________________________

(a) You've already had two slices.
(b) Let's have it delivered.
(c) Can you get it out?
(d) I think the pizza is pretty good.

어휘 couch 소파
slice 조각
get out 치우다, 제거하다

3 W: I'm feeling really depressed today.

M: ________________________________

(a) No thanks. I'm fine.
(b) You can say that again.
(c) Keep your chin up.
(d) Don't press it too hard.

어휘 Keep your chin up! 힘내, 기운 내!(= Cheer up!)
You can say that again 네 말에 절대 동감이다, 네 말이 백번 옳아

4 W: I'd like you to help me find the way to the Natural History Museum.

M: ________________________________

(a) You'll be surprised when you see it.

(b) I'll keep that in mind from now on.

(c) Go down the hill and it's on your left.

(d) There were so many interesting things to see.

어휘 natural history museum 자연사 박물관
keep something in mind ~을 명심하다

5 W: I'll have some shrimp salad and a glass of lemonade.

M: ________________________________

(a) What's today's special?

(b) Are you being served, ma'am?

(c) No thanks. I'm a vegetarian.

(d) I'll bring them over to you soon.

어휘 special 특별요리
vegetarian 채식주의자

6 M: Welcome, you must be the new receptionist.

W: Yes, thank you. My name's June Smith.

M: Glad to have you on board. I'm Thomas Green. Everyone calls me Tom.

W: ________________________________

(a) Nice to meet you, Tom.

(b) I'll give you a call.

(c) What's up, Tom?

(d) I'll be on board soon as well.

어휘 receptionist 접수원, 안내데스크 직원
on board (배, 비행기 등에) 탑승한, (직장, 팀 등에) 합류한, 함께 일하게 된

Actual Test **Script**

7 W: Is something the matter, Sam?

M: I'm looking for George. Have you seen him around?

W: What did he do this time? Nothing too serious, I hope.

M: _______________________________

(a) Well, he took my bicycle without asking.

(b) Wow, he really looks like George.

(c) No, he will take care of it this time.

(d) You know, he's a very serious person.

> **어휘** matter 문제
> serious 심각한, 진지한
> without asking 물어보지도 않고
> take care of 돌보다, 해결하다, 처리하다

8 M: The rumor has it that you used to live in the Netherlands.

W: Yes, I was working as a manager at a restaurant.

M: Really? You must be able to speak fluent Dutch then.

W: _______________________________

(a) You said it. It was such a beautiful country.

(b) No, I had to manage all the things there on my own.

(c) Most of them spoke good English, so I still can't.

(d) Yeah, I'm planning to open a restaurant over there one day.

> **어휘** the rumor has it that~ 소문에 따르면 ~이다
> fluent 유창한

Essential Sentences for L/C

➕ 기출 평서문 표현

1　I can't believe that you didn't remember our anniversary!
당신이 우리 결혼기념일을 잊어버리다니 믿기지가 않아!

2　My brother and I had a big argument last night. 나 오빠하고 어젯밤 대판 싸웠어.

3　The professor nearly bored me to death today. 교수님 때문에 오늘 지루해서 죽을 뻔했어.

4　I want to apologize for running into you. 부딪혀서 죄송합니다.

5　Let's review yesterday's lesson. 어제 배운 단원을 복습합시다.

6　Sara is still mad at me. 사라는 아직도 나한테 화가 나 있어.

7　I'd like to get there today if possible. 가능하면 오늘 도착했으면 싶어요.

8　I'm sort of under the weather today. 오늘 난 몸이 좀 안 좋아.

9　I'm so sorry. It slipped my mind. 정말 미안해. 깜박 했어.

10　I desperately hope that our business picks up soon. 제발 사업이 곧 나아져야 할 텐데.

11　Please try to stay out of my business. 내 일에 신경 좀 꺼줘.

12　They must be returned in two days. 이틀 후에 반납하셔야 합니다.

13　Thanks for the tips. We'll see what happens. 조언 고마워. 어떻게 될지 지켜보자.

14　I was wondering if you had this pair of jeans in size 10.
이 청바지 10호 사이즈로 있는지 궁금하네요.

15　I'll be stopping by the store on my way home. 집에 오는 길에 상점에 들를 거예요.

16　Guess what! Joseph got accepted into Princeton University.
있잖아. 죠셉이 프린스턴 대학에 합격했대.

17　A cold ice cream would really hit the spot right now.
지금 차가운 아이스크림 하나 먹었으면 더할 나위 없이 좋을 텐데.

18　Luke got a better offer at another company. 루크가 다른 회사로부터 더 좋은 조건을 제시 받았대.

19　I've never seen a more absurd movie! 나는 이 영화보다 더 말도 안 되는 영화는 본 적이 없어!

20　I didn't expect him to be fired. 그가 해고되리라고는 예상 못 했어.

21　Excuse me, I'd like to open a savings account.
실례합니다, 저축 예금 계좌를 개설하고 싶습니다.

22　You almost hit that bicyclist. 너 자전거 타고 있는 사람을 칠 뻔 했어.

Chapter

06 | 대의 파악

대의 파악 유형은 지문 앞부분에 답의 단서가 들어 있거나 전체 내용을 근거로 답을 유추할 수 있는 유형이 대부분이다. 대체로 함정이 적은 유형이므로 질문의 핵심어만 지문을 두 번째 들을 때 재빠르게 뽑아낼 수만 있으면 80% 이상 성공이라고 할 수 있다.

최근 시험에서는 정답을 고를 때 대화나 지문에 등장한 단어나 어구와 뜻은 같은데 표현만 다르게 바꾼 선택지가 등장하는 경우가 상당히 많으므로 유의하며 청취한다. 이 부분에 강해지기 위해서는 평소에 주제별로 여러 단어나 어구들을 동의어 별로 묶어서 암기하는 연습이 중요하다.

Sample

W: Excuse me. Could you show me the way to the nearest post office?

M: Actually you can buy stamps at the corner store if that's all you need.

W: No, I need to send a surprise package to my sister in Canada.

M: Oh, you'll have to go to the downtown post office to do that.

W: Could you tell me how to get there?

M: Certainly. Go straight down this street for two blocks. Then look for North Street.

W: OK, find North Street. And then?

M: Turn left on North Street and go another two miles. You can't miss it.

Q. What are the people talking about?

(a) Sending money to the post office
(b) How much sending a package costs
(c) Directions to the post office
(d) The convenience of corner stores

해설 거리에서 벌어지는 남녀의 대화를 듣고 대의를 파악하는 문제로, 첫 문장만 잘 들어도 쉽게 답을 구할 수 있는 문제이다. 여자는 캐나다에 사는 동생에게 소포를 보내기 위해 우체국을 찾고 있고 남자는 우체국 가는 길을 안내하고 있으므로 정답은 (c)이다.

어휘 stamp 우표
package 소포
convenience 편리함

Part III Choose the option that best answers the question.

1.   (a)   (b)   (c)   (d)
2.   (a)   (b)   (c)   (d)
3.   (a)   (b)   (c)   (d)

Part IV Choose the option that best answers the question.

4.   (a)   (b)   (c)   (d)
5.   (a)   (b)   (c)   (d)

Actual Test Script

1 M: Excuse me, are you a member of our team as well?

W: Yes I am. My name is Susan Wilson.

M: I'm Chris Jobson. Nice to meet you Miss Wilson.

W: Nice to meet you too, Mr. Jobson. Well, this is my first day, so I've got a lot of things to catch up.

M: Actually I've just started last week as well. But don't worry. Once you get the ropes, you'll be fine.

W: Thank you so much. What about stopping by the cafe next door and having a chat together after work?

M: That sounds cool. Give me a call whenever you finish your shift.

Q. What is the main topic in this dialogue?

    (a) They are working at different companies.

    (b) The man asks the woman why she's late.

    (c) The associates are getting acquainted.

    (d) Two old friends are catching up.

> **어휘** catch up 따라잡다, 그동안 듣지 못했던 안부를 묻다
> get the ropes 요령을 익히다
> have a chat 담소를 나누다
> get acquainted 서로 아는 사이가 되다, 안면을 트다

2 W: Hi, Nate. I'd like to talk to you for a minute, please.

M: Is this about the report that you assigned to me? I'm sorry I haven't turned it in yet.

W: Yes, it is. Usually, you're very good about getting everything in on time. What's going on?

M: Frankly, I've been having some personal problems that have made it difficult to focus.

W: Why didn't you tell me sooner? I would have given you an extension.

M: I don't know. I guess I just didn't want to seem like a complainer.

Q. Which is the main idea of the dialogue?

    (a) The man is worried about losing his job.

    (b) The man is embarrassed of his problems.

    (c) The man has not finished his assignment.

    (d) The man wants more time to complete his work.

어휘 assign 할당하다
turn in 제출하다(= get in)
focus 집중하다
extension 기간의 연장
complainer 불평꾼

3 W: I'm fed up with making ends meet.

M: Me, too. If only I had a lot of money like Joseph.

W: You're telling me. It's so unfair that he was born with a silver spoon
in his mouth.

M: Actually he wasn't. I heard through the grapevine that he had to do
everything on his own from scratch to be successful.

W: Are you sure? I always sort of thought that he was born into an
extremely rich family.

Q. What is the conversation mainly about?

(a) The woman's grudge against Joseph

(b) The man's respect for Joseph's family

(c) The complaints that the woman makes about her life

(d) The background about Joseph's present affluence

어휘 make (both) ends meet 수입과 지출의 균형을 맞추다, 수지 타산을 맞추다
be born with a silver spoon in one's mouth 부유한 집안에서 태어나다
hear through the grapevine that ~ ~라는 소문을 듣다
on one's own 혼자서
from scratch 아무것도 없이 처음부터, 밑바닥에서부터
grudge 원망
affluence 부

Actual Test Script

4 In order to minimize the impact of the holidays on our productivity, we ask you to be aware of the following considerations. First, please be aware that it is impossible to accommodate every person's request for days off. Second, management will guarantee each employee only two of the holidays: Thanksgiving, Christmas or New Year's. Third, priority will be given to employees who did not receive their preference last year.

Q. What is the main purpose of the notice?

(a) To announce the upcoming holiday

(b) To confirm with employees their rights to vacation days

(c) To inform employees of holiday leave policy

(d) To explain the procedure for requesting days off

어휘 minimize 최소화하다
impact 영향
productivity 생산성
be aware 알아두다(뒤에는 of가 이끄는 전치사구나 that절이 옴)
consideration 고려해야 할 사항
accommodate 수용하다
days off 휴가
management 경영진
guarantee 보장하다
priority 우선권
preference 선호, 선택권
notice 공지
upcoming 다가오는
inform someone of something ～에게 …를 알리다
holiday leave policy 휴가 방침

5 Welcome to CNN Showbiz. Tonight, we'll be discussing the issues of high gas prices, a very important matter that people are probably quite interested in these days. Government officials insist that the unprecedented high gas prices are mainly because of the large profit margins that oil companies put on gas and claim that the tax has little to do with the current high prices. However, would consumers agree? Most consumers believe that the formidably high tax rates compared to other countries cause the oil companies to respond accordingly whenever crude oil prices go up. On top of that, they also point out the fact that oil companies are so quick to raise prices and too slow lowering them. Let's find out who is really responsible here tonight.

Q. What is the talk mainly about?

(a) The pros and cons of government's new tax rates
(b) Oil companies' pricing policies
(c) A revolutionary way of gas production
(d) Disputes between government and oil companies over high gas prices

어휘 unprecedented 전례 없는, 유례없는
profit margin 이윤율, 이윤폭
have little to do with ~와는 거의 관계가 없다
formidably 엄청나게, 무시무시하게
respond 반응하다
accordingly 그에 상응하여
crude oil 원유
on top of that 게다가, 더욱이
point out 지적하다
the pros and cons of something ~에 대한 찬반

Chapter 07

세부 내용 파악

Part 3, 4 중 대의 파악 유형은 어느 특정 부분을 놓치더라도 전반적인 대화나 글의 분위기로 정답을 고를 수 있는 반면, 세부 내용을 묻는 문제의 경우, 질문에서 묻는 세부 내용을 놓칠 경우 정답을 고르기 힘들기 때문에 쉽게 풀리지 않는다. 따라서 첫 번째 들을 때에는 대화나 지문의 전체적인 내용을 파악하고 두 번째 들을 때에는 세부적인 내용 파악에 유의한다. 특히 세부 내용을 묻는 유형에서는 주어지는 질문을 잘못 듣는 경우, 대화나 지문 내용을 완전히 이해했다 할지라도 어이없게 정답은 못 고르는 상황이 올 수 있으므로 질문이 무엇을 요구하는지 정확히 파악하는 것이 관건이 된다.

Sample

W: Excuse me, could you show me the way to Juilliard school?

M: There are two ways. The bus or the subway.

W: Well, I think the subway should be better.

M: Alright, then you need to take the yellow line at Manhattan and make a transfer into the blue line at 5th Street.

W: Sorry, which street?

M: 5th Street, then keep going five more stops and get off at 7th Street.

W: I see. Is that the location?

M: Yup, you can't miss it.

Q. Which of the following is correct according to the conversation?

(a) The woman needs to get off at 5th Street.

(b) The woman needs to make a transfer at 7th Street.

(c) The woman's destination is 7th Street.

(d) The man is working for Juilliard.

해설 여자가 남자에게 길을 물어보는 대화를 듣고, 대화의 내용과 일치하는 선택지를 고르는 진위 파악 문제이다. 남자의 길안내에 따르면, 여자는 7번 가에서 내려야 하고, 5번 가에서 갈아타야 하므로 (a)와 (b)는 대화문의 내용과 일치하지 않는다. 남자가 줄리어드 학교에서 근무하고 있는지는 대화문에 언급되지 않았으므로 (d) 역시 답이 될 수 없다. 여자는 최종적으로 7번 가에서 내려야 하므로, 여자의 행선지가 7번 가라고 언급한 (c)가 정답이다.

어휘 make a transfer 갈아타다
get off 하차하다, 내리다
destination 행선지, 목적지

Actual Test

Part III Choose the option that best answers the question.

    1.   (a)   (b)   (c)   (d)

    2.   (a)   (b)   (c)   (d)

    3.   (a)   (b)   (c)   (d)

Part IV Choose the option that best answers the question.

    4.   (a)   (b)   (c)   (d)

    5.   (a)   (b)   (c)   (d)

Actual Test Script

1 M: *Herald Tribune?* I'm interested in subscribing to your newspaper.

W: Which edition do you want, sir? The Sunday edition or the weekly edition?

M: The Sunday one suits me. How much is it?

W: For 6 months, 72 dollars including the delivery fee of 12 dollars.

M: I've heard this is a special promotion period.

W: That's right, sir. If you order your subscription by the end of this month, you can take in the newspaper without the delivery charge for 6 months. Do you want to order it right now?

M: Yup, put my name on the list, please.

W: Wonderful. Could you give me your name and address?

Q. How much will the man pay for his newspaper subscription?

    (a) 6 dollars

    (b) 12 dollars

    (c) 60 dollars

    (d) 72 dollars

> **어휘** subscribe to 구독하다
> delivery fee 우송료, 배달료
> special promotion period 특별세일 기간
> delivery charge 배달료
> Put my name on the list 신청할게요

2 W: I want to get rid of my laptop. It's so faulty.

M: What about you find out what is wrong first?

W: I would if I could. Computers are just not my cup of tea.

M: I'll have a look if you don't mind.

W: Will you? The sooner the better. I need to use it tonight actually.

M: OK, let's get moving.

Q. Which is correct according to the conversation?

    (a) The woman knows a lot about laptops.

    (b) The man is teaching how to fix laptops.

    (c) The woman is not great at computers.

    (d) The man thinks she spilt tea on her computer.

3
M: I really hate waiting in line to get the awful food here.
W: I know, but that's what you get at a dorm cafeteria.
M: How about going to a nice restaurant and getting a decent meal for a change?
W: Sounds cool but I haven't got enough money this month.
M: Look, I'll give it a shot. Yesterday was my pay day, remember?
W: You are my life saver! Where should we go?

Q. Why did the woman first hesitate to go to a restaurant?

(a) Because she doesn't think the food at the cafeteria decent.
(b) Because she finds the food at the cafeteria nice.
(c) Because she is flat broke.
(d) Because she is short on cash.

Actual Test **Script**

4 This branch of the city public library has become the busiest branch in the nation's library system. It shows clearly that the immigrant's path to the American dream includes frequent trips to the local library. For three years, as its polyglot clientele grew and its circulation rose by nearly 20%, this branch has been shoehorned into a former furniture store on Main Street. But in June, a new four-story building will open a few blocks away.

Q. Why is the mentioned branch crowded?

(a) Because more and more immigrants use the library.
(b) Because the library is located on Main Street.
(c) Because the library is famous for its collection.
(d) Because the librarians are multilingual.

어휘 branch 분관, 분점, 지점
immigrant 이민자
polyglot clientele 여러 인종의 다양한 방문객들
circulation 대출, 발행, 순환
shoehorn 좁거나 적당하지 않은 공간에 밀어 넣다, 채워 넣다
be famous for ~로 유명하다
multilingual 여러 나라의 말을 하는

5 Two children are missing. Matthew, 9, is about 1 meter in a yellow shirt and white shorts. Catherine, 12, is about 150 centimeters with short wavy hair and black plastic glasses in a white dress. They were traveling with their mother, Patty Gilbert by train when they disappeared. They were going to visit their grandparents in Boston. There are some people phoning in to say that they saw the kids at the Boston station. Please contact us at 1-800-889-4757 if you've seen them. We are waiting for your calls.

Q. Which is correct about Matthew and Catherine according to the news report?

(a) Their mother disappeared from them on purpose.
(b) Their grandparents were driving them to Boston.
(c) They have finally been found at the Boston station by people.
(d) They were on the way to their grandparents' place.

어휘 missing 행방불명인, 실종된
by train 기차로, 기차를 타고
phone in 전화로 제보하다
on the way to + 장소 ~로 가는 도중에

Chapter 08

사회적 교류

사회적 교류로 분류되는 인사, 안부, 작별 등은 그렇게 어려운 이디엄들이나 복잡한 상황들이 등장하지는 않는다. **Part 1, 2**의 경우 특히 인사말들이 길지 않고 짧게 끝나므로, 신속히 뜻을 판단하여 선택지 정답으로 이어갈 수 있도록 한다.
대화에 한 번 등장했던 어휘가 선택지에 다시 나오는 경우를 조심하도록 해야 하는데, 특히 **Part 2**의 경우, 마지막 말에 등장한 어휘가 다시 반복되는 선택지(특히 선택지 (a)는 오답인 경우)가 많으므로 유의한다.

Sample

M: Who is the tall woman standing over there?
W: Oh, that's my cousin, Jenny. She lives in Seattle and is just visiting.
M: Can I go over and talk to her?
W: ________________________________

(a) I guess you don't really know anyone here.
(b) It's not very nice to interrupt someone else's conversation.
(c) Yeah. I'd like to introduce myself to her.
(d) Let me introduce you two. I'm sure you'll hit it off.

해설 남자는 여자에게 저기 서 있는 여자가 누구냐고 묻는다. 대화를 하는 여자가 자신의 사촌 제니라고 하자 남자는 그녀를 만나고 싶은 마음에 자신이 가서 말을 걸어도 되는지를 묻고 있다. 이에 적절한 답변으로는 가서 말을 해봐라 혹은 둘이 잘 맞을 거다 혹은 내가 소개시켜줄게 등의 말을 예상할 수 있다. (a)는 대화 중의 just visiting이라는 부분을 이용하여 아는 사람이 별로 없을 것 같다고 말하고 있지만 you라고 했으므로 상황에 맞지 않는다. 또한 (b)는 다른 사람의 대화에 끼어드는 건 좋지 않다고 했지만, 제니가 다른 사람과 대화 중인지 여부는 알 수 없다. 여자는 제니가 자신의 사촌이라고 했으므로 자기소개를 한다는 것은 올바르지 않으므로 (c) 역시 정답이 될 수 없다. 그러므로 둘이 잘 맞을 거라며 소개시켜 주겠다는 (d)가 정답으로 가장 적절하다.

어휘 cousin 사촌
interrupt 방해하다, (다른 사람의 대화 중간에) 끼어들다
introduce 소개하다
hit it off 죽이 잘 맞다

Actual Test

Part I Choose the most appropriate response to the statement.

1. (a) (b) (c) (d)

2. (a) (b) (c) (d)

Part II Choose the most appropriate response to complete the conversation.

3. (a) (b) (c) (d)

Part III Choose the option that best answers the question.

4. (a) (b) (c) (d)

Part IV Choose the option that best answers the question.

5. (a) (b) (c) (d)

Actual Test Script

1 W: What's cooking, Sam?

M: _______________________________

(a) I'm going there by subway.

(b) Nothing much.

(c) Can't complain.

(d) Fine, thank you.

> 어휘 by subway 지하철로, 지하철을 타고
> Nothing much 별일 아냐, 별거 없어
> Can't complain (그런대로) 괜찮아, 잘 지내

2 W: What do you say to coming over and having dinner together tonight?

M: _______________________________

(a) Sure thing. What about Thursday?

(b) I'm afraid I have a previous engagement.

(c) Why not? I'm free on weekends.

(d) I don't like to cook by myself.

> 어휘 Sure thing 물론, 그럼
> previous engagement 선약(= prior engagement)

3 M: Hello. I'm Louis Turner. Can I make an appointment with Doctor Evans tomorrow?

W: Sorry, Mr. Turner. He's got a full schedule this week.

M: OK. When is he available then?

W: _______________________________

(a) He'll be away for the weekend.

(b) Don't worry. We'll be fine.

(c) We close at 7 on weekdays.

(d) Anytime next Thursday will be fine.

> 어휘 make an appointment (병원) 진료 예약을 하다
> full schedule 꽉 찬 스케줄
> weekdays 평일

4 M: Excuse me. Rachel Williams, I believe.

W: Well, it's Rachel Donahue now, but do I know you?

M: It's me. Mark. Do you remember?

W: Mark Dale from Temple University? My God! It's wonderful to see you here.

M: Hey, you haven't changed a bit. Long hair, jeans and shoes....
Still look like a student.

W: It's been over 10 years now. How have you been?

M: I've been great. I was posted to Iraq three years ago and
came back just last month.

W: Really? Anyway, I couldn't recognize you immediately.
You used to have long hair and a mustache, right?

Q. What is the main topic of the dialogue?

(a) An encounter with a former business associate

(b) Giving directions to a stranger

(c) Bumping into an old friend

(d) Difficulties of remembering names

어휘 post 배치하다, 파견하다
encounter 뜻밖의 만남, 우연한 만남
bump into 우연히 만나다

5 Hi, this is Lucy. I'm sorry I'll be a little late for your birthday party. My car broke down on the way for no reason. I called a nearby repair shop and I'm waiting for their tow truck to come. They said it wasn't a serious problem when I explained what was happening to my car. So it shouldn't take long. I think I'll be there about 8 o'clock if I hurry as soon as they get it fixed. Don't wait for me. Just have fun celebrating your birthday. Anyways, I'll see you there then. Bye.

Q. Which is correct about Lucy?

(a) Her car stopped while she was driving to a party.

(b) Her car is in good repair at the moment.

(c) She will need a ride home from the shop.

(d) She can arrive at the mechanic's around 8 o'clock.

어휘 break down 고장 나다   for no reason 난데없이, 이유 없이
repair shop 정비소(= mechanic's)   tow truck 견인 트럭

Chapter 09 | 감정의 표현

상대방 외모에 대한 칭찬, 승진이나 시험 합격 축하, 제3자에 대한 칭찬 등이 자주 출제되므로 관련 상황의 이디엄을 숙지하도록 한다.

누가 사과를 하는 경우에는 '괜찮아' 또는 '그럴 수도 있지, 힘내' 라는 격려성 답변들이 정답으로 등장한다. 누가 아프거나 일이 잘못되었을 경우, 누군가에게 불만을 표현하거나 불평을 늘어놓는 경우는 상대에게 위로를 하거나 조언을 하는 식의 답을 찾는다. '쌤통이다', '그럼 그렇지' 식의 답은 절대로 나오지 않는다.

Sample

M: It was the greatest performance I've ever seen.

W: ______________________________

(a) Thanks for your compliment.
(b) What a coincidence!
(c) Hang in there!
(d) Good for you!

해설 남자가 공연을 막 마친 여자를 칭찬하고 있다. 칭찬에 대한 가장 일반적인 응답은 감사이므로, (a)가 가장 알맞다.

어휘 performance 공연
compliment 칭찬
coincidence 우연

Actual Test

Part I Choose the most appropriate response to the statement.

1. (a) (b) (c) (d)
2. (a) (b) (c) (d)

Part II Choose the most appropriate response to complete the conversation.

3. (a) (b) (c) (d)

Part III Choose the option that best answers the question.

4. (a) (b) (c) (d)

Part IV Choose the option that best answers the question.

5. (a) (b) (c) (d)

1 W: I feel so stupid. I've made a mistake organizing a schedule for my boss.

M: ____________________________

(a) I know. He's got a tight schedule.

(b) Come on. That's what we all do.

(c) That's OK. I'd like to arrange a meeting.

(d) That was very rude. Please be more polite next time.

> **어휘** organize (일정을) 짜다, 구성하다, 조직하다
> arrange a meeting 만남을 주선하다, 회의를 주선하다

2 W: Pablo is a little bit too mad about Michelle, don't you think?

M: ____________________________

(a) I know. He is going to take her to the court.

(b) I know. He wants to tie the knot with her eventually.

(c) We'd better stay away from him.

(d) Indeed. He needs to see the doctor.

> **어휘** be mad about ~에 빠져 있다, 미쳐 있다, 반해 있다
> take somebody to the court ~에게 소송을 걸다, 고소하다
> tie the knot 결혼하다
> stay away from 피하다, 멀리하다

3 M: Angela, how do you find the new movie "Chicago Romance"?

W: Well, it's a great movie. I think it's possibly the best film of the year.

M: Yeah, what about the new animation film "Wingki Princess"?
   I think it absolutely stinks.

W: ____________________________

(a) Give it a good wash.

(b) Wonderful. I want to see it tonight.

(c) Open the windows, will you?

(d) You said it. It's a waste of money.

> **어휘** animation film 만화영화
> stink (속어) 아무 쓸모없다, 형편없다
> You said it 네 말이 맞아
> a waste of money 돈 낭비

4 W: Mr. Jones, can I have a word with you for a second?

M: Of course. Come on in, please.

W: Actually, your son, Fraser stole my daughter's bike the other day.

M: You're kidding me. I don't believe it was him. Are you sure?

W: I'm telling you the truth. I saw it with my eyes.

M: Well, I'll have to say sorry then. I just can't believe he did such a thing.

W: I know. He is a very careful boy, but kids sometimes make trouble, you know.

Q. Which of the following is correct about Fraser according to the conversation?

(a) He accidentally damaged her daughter's bike.

(b) He has been taken to the police station.

(c) He committed some misdemeanor.

(d) He fell off his bike.

어휘 have a word with ~와 얘기를 나누다
for a second 잠깐
make trouble 말썽을 피우다, 문제를 일으키다
misdemeanor 나쁜 행실

5 Thank you so much for coming to our yearly gathering tonight in support of the town museum. If it weren't for your generous contributions, it would be impossible for us to keep this wonderful facility that shows how our city has developed since its birth. Now, please allow me to tell you how much it costs to operate the museum annually. Admission fees and the grants from the city only account for 40% of our budget. Thanks to your kind donations and financial support from every direction, another 25% of the budget can be covered, which plays a crucial part.
I must thank you again for your whole-hearted assistance.

Q. What can be inferred about the museum's annual budget?

(a) All the funds needed have been raised through donations.

(b) Government is responsible for the entire budget.

(c) Donations play an important role in securing the budget.

(d) About half of the budget is obtained through donations.

어휘 yearly 매년마다, 1년에 한번   gathering 모임   generous 관대한, 아낌없는
operate 운영하다   grants 지원금   account for 차지하다
crucial 중요한   whole-hearted 진심 어린   secure 확보하다, 이루어내다

Chapter 10

정보 교환

정보 교환의 경우 의문사 Where, What, Who, When, Which 등을 이용해서 상대 화자에게 질문하는 상황이 다루어진다. 대화 전체의 흐름 파악에 각별히 유의해야 하며, 정보를 제공하는 쪽과 정보를 받는 쪽을 혼동하게끔 하는 경우도 허다하므로 유의해야 한다.
특히 중간 중간에 등장하는 숫자나 금액 등을 가지고 선택지를 교란시키는 오답에도 조심해야 한다.

Sample

M: What does your father do for a living?

W: ________________________________

(a) Yes, he always has a positive view.

(b) He jogs two miles every morning.

(c) He runs a small restaurant.

(d) He has been in the hospital since two months ago.

해설 의문사 What으로 시작되는 의문문으로 직업을 묻고 있으므로, 직업을 말한 응답인 (c)가 가장 적절하다.

어휘 a living 생계
run (회사 · 가게 등을) 경영하다

Actual Test

Part I   Choose the most appropriate response to the statement.

   1.   (a)   (b)   (c)   (d)

   2.   (a)   (b)   (c)   (d)

Part II   Choose the most appropriate response to complete the conversation.

   3.   (a)   (b)   (c)   (d)

Part III   Choose the option that best answers the question.

   4.   (a)   (b)   (c)   (d)

Part IV   Choose the option that best answers the question.

   5.   (a)   (b)   (c)   (d)

Actual Test Script

1 M: Excuse me, do you have the time?

W: ________________________________

(a) Sorry, I'm busy at the moment.
(b) No, I don't think so.
(c) Sure, it's a quarter to five.
(d) Yes, a lot of it.

> **어휘** Do you have the time? 몇 시입니까?
> *cf.* Do you have time? 시간 있으세요?
> a quarter 15분, 4분의 1

2 M: Why was Professor Lee's class postponed yesterday?

W: ________________________________

(a) It was the best lecture I've ever been.
(b) Because I like the way he teaches.
(c) We're speaking the same language, right?
(d) It was put off because of his medical conditions.

> **어휘** postpone 연기하다(= put off)
> speak the same language 말이 잘 통하다, 같은 말을 하다
> medical condition 건강 상태, 건강상의 문제

3 W: You look tired. Are you getting enough rest?

M: Actually, I spent all night trying to learn how to use the Internet.

W: Yeah, it may take some time before you become familiar with it.

M: ________________________________

(a) Do you know where last year's sales reports are kept?
(b) I usually don't get tired of learning new things.
(c) Do you think you could show me how to access some of the sites?
(d) I am already familiar with our new neighborhood.

> **어휘** become familiar with 익숙해지다, 친숙해지다
> get tired of 싫증이 나다
> access 접근하다, 접속하다

4 W: I think I like this bed. It felt very comfortable.

M: That's right, ma'am. They use top quality springs in it.

W: Is the mattress waterproof?

M: Let me check. Yes, it is.

W: Excellent. I'll buy it then.

M: When can you take delivery of it, ma'am?

W: Anytime. The sooner the better.

Q. What is correct about the bed?

(a) It doesn't come with a mattress.

(b) The frame is very good in quality.

(c) The mattress does not get wet.

(d) The delivery will be made tomorrow.

> **어휘** comfortable 편안한, 안락한
> top quality 최고 품질의, 최고급의
> waterproof 방수의
> take delivery of (물품 등을) 인수하다

5 Good afternoon. Welcome to the Divers' Paradise program. I'm your guide, Sotac, for this special event. I'm here to help you with everything. It will take us almost two hours to go through all the activities we organized for you. Because you're all good divers, I'll just show you what to do in common emergency situations first and you can go enjoy the stunning views under the sea for an hour. When we're finished, we'd like you to fill out an evaluation form. Just put down how you feel about our program so that we can serve you and other participants better in the future.

Q. Which is correct about the program?

(a) The guide needs to evaluate his customers.

(b) The program is for experienced divers.

(c) The participants need to learn to dive first.

(d) The diving activity continues on until dinner time.

> **어휘** stunning 놀라운
> fill out (서식 등을) 작성하다
> evaluation 평가(v. evaluate)
> put down 적다, 기재하다

Chapter 11

제의, 의견 교환

권유나 제안 유형은 특정한 패턴을 가지고 말을 시작하는 경우가 일반적이므로 첫 부분을 잘 들어 화자의 의도를 파악해야 한다. 가장 대표적인 유형은 Why don't you/we ~?, Let's + 동사원형, Why not ~?, How/What about -ing ~? 등이 있다.
부탁을 하는 경우, 아주 친한 친구가 아닌 이상 대부분 첫 마디가 Would you ~?, Could you ~?나 Do you mind if ~, I'm wondering if you can ~ 등으로 정중하게 묻는다. 부탁의 질문이라고 해도 여러 가지 이유로 거절의 답도 등장할 수 있으므로 항상 유의해서 질문과 선택지를 파악할 수 있도록 한다.

Sample

M: I'm throwing a party this Saturday. Can you come over?

W: I'd love to, but I'll have to check with my boss. I'm scheduled to work overtime that day.

M: What a shame. Is there any chance of switching the shift with someone else?

W: ______________________________

(a) I'm completely worn out.

(b) What makes you say that?

(c) It's easier said than done.

(d) Let me check it out and get back to you.

해설 남자가 여자를 파티에 초대하고 있지만, 여자가 일 때문에 거절한 상황이다. 이에 남자가 여자에게 근무시간을 조정하면 안 되냐고 물어보고 있으므로, 확인해보고 알려주겠다는 (d)가 가장 적절하다.

어휘 be scheduled to + 동사원형 ~하기로 되어 있다
What a shame! 이런, 안됐구나!
Is there any chance of -ing? ~할 가능성은 없니?, ~하면 안 되니?
shift 근무조
worn out 지친, 녹초가 된

Actual Test

Part I Choose the most appropriate response to the statement.

1. (a) (b) (c) (d)

2. (a) (b) (c) (d)

Part II Choose the most appropriate response to complete the conversation.

3. (a) (b) (c) (d)

Part III Choose the option that best answers the question.

4. (a) (b) (c) (d)

Part IV Choose the option that best answers the question.

5. (a) (b) (c) (d)

Actual Test Script

1 W: Oh, no. The printer is running out of ink.

M: _______________________________

(a) You should charge your batteries beforehand.

(b) The quality of the ink is very good.

(c) I've been running around the park.

(d) I'll go grab a new ink cartridge for you.

> **어휘** run out of ~이 다 떨어지다
> charge 충전하다
> go grab 얼른 구해가지고 오다

2 M: My shoulder is a lot better than yesterday.

W: _______________________________

(a) The medicine seems to be taking effect.

(b) You've got to be kidding.

(c) I recommend going to the doctor quickly.

(d) Your shoulders look strong.

> **어휘** take effect 효과가 나타나다; 효력을 나타내다
> recommend -ing ~하라고 권하다

3 M: Have the bills arrived yet?

W: Yes, we have to pay more than 6,500 dollars this month.

M: I thought as much. It's time we spent less.

W: _______________________________

(a) Absolutely. Things are on sale.

(b) Don't be so sure about the amount.

(c) We must tighten our belts from now on.

(d) We'd better go shopping.

> **어휘** bill 청구서, 고지서
> on sale 세일 중인
> tighten one's belt 허리띠를 졸라매다, 씀씀이를 줄이다

4 W: Did you hear about the new shopping mall proposal?

M: I did. I liked it very much.

W: But a lot of people living in that area will have to move elsewhere.

M: I know. The government will compensate them anyway.

W: We're not talking money. It's just so unfair.

M: The world is not always fair, Cindy. Life sometimes gets unfair.

W: Do you think you would say that if you were in their shoes?

Q. What are the man and the woman mainly discussing?

    (a) The consequences of building a new shopping mall

    (b) The amount of government compensation

    (c) The difficulty in moving from one place to another

    (d) The pros and cons of a new shopping mall

> **어휘** compensate 보상하다(*n.* compensation)
> be in someone's shoes ~의 입장이 되어 보다
> consequence 결과
> the pros and cons of ~에 대한 찬반

5 Speak actively when you learn a language. English is not an exception. Don't waste your time waiting for them to give you a chance to speak. If you wait, you will just find yourself listening to other people forever. You need to say something to improve your speaking skills. Understanding English does not have to mean being able to speak the language. Don't be shy. Don't be afraid of making mistakes. Just try to spit it out no matter what you want to say. You must get used to speaking with people first. The road to becoming a good English speaker is as simple as this: Try to walk before you can run.

Q. Which of the following can be described as "active speaking"?

    (a) Try to get involved in conversations with others.

    (b) Try not to speak until you feel confident.

    (c) Try to say something that people are interested in.

    (d) Try not to interrupt others when they are speaking.

> **어휘** exception 예외
> spit it out 내뱉다
> confident 자신감이 있는
> interrupt 방해하다, 끼어들다

Chapter 12

여행, 쇼핑

여행 중 호텔과 레스토랑 관련 문제에서 가장 많이 등장하는 단어는 reservation이다. How large is your party?라고 하면 '당신의 파티는 얼마나 크냐?'가 아니라 '일행이 몇 명이냐?'고 묻는 것이라는 사실도 반드시 숙지해두어야 한다.

또한 서비스를 제공하는 사람과 제공받는 사람과의 대화를 가장 많이 주제로 설정한다. 따라서 선택지를 고를 때 이 질문이 손님에게 한 것인가 아니면 웨이터에게 한 것인가 등을 감지해야 한다. 쇼핑 시 It's not for sale.(그건 비매품이에요.), Cash or charge?(현금으로 하실래요, 카드로 하실래요?) 등은 점원의 대사로 자주 등장하는 말이므로 익혀둔다.

Sample

W: How was your trip to New Zealand?

M: ___________________________

(a) Sure, it'll be a long journey.

(b) Please keep your fingers crossed for me.

(c) I used traveler's checks all the time.

(d) It was the best trip that I've had so far.

해설 의문사 How로 시작되는 의문사 있는 의문문이다. 뉴질랜드 여행이 어땠냐고 묻고 있으므로 [좋았다] 또는 [별로였다]의 응답을 예상해 볼 수 있다. 선택지 중 여행에 대한 소감을 표현한 것은 (c) 밖에 없다. (a)는 시제에 혼동을 준 오답선택지이고, (b) 역시 시제가 틀렸다. 오답선택지들은 하나같이 질문지의 시제와 주어와 다른 시제와 주어를 사용하고 있다.

어휘 journey 여행
keep one's fingers crossed 행운을 빌다
traveler's check 여행자 수표
all the time 항상

Actual Test

Part I Choose the most appropriate response to the statement.

1. (a) (b) (c) (d)

2. (a) (b) (c) (d)

Part II Choose the most appropriate response to complete the conversation.

3. (a) (b) (c) (d)

Part III Choose the option that best answers the question.

4. (a) (b) (c) (d)

Part IV Choose the option that best answers the question.

5. (a) (b) (c) (d)

Actual Test Script

1 W: Excuse me. I was wondering if you happen to have this pair of shoes in size 8.

M: _______________________________

(a) Sure, ma'am. They are out of stock at the moment.

(b) I'm not sure what happened since I wasn't there.

(c) I don't know offhand ma'am, but I'd be happy to check.

(d) Those aren't exactly what I had in mind for you.

> **어휘** happen to + 동사원형 혹시 ~하다
> out of stock 재고가 없는
> offhand 당장
> have something in mind 속으로 ~을 생각하고 있다

2 M: Your suitcase is over the allowed weight by 6 kilos.

W: _______________________________

(a) Making two separate bags is one of the choices you can make.

(b) Can I just put some of it in my carry-on bag?

(c) Wonderful, I don't have to pay any fees.

(d) My husband is very good at packing.

> **어휘** allowed weight 허용중량
> carry-on bag (비행기 등을 탈 때 기내에 가지고 탑승하는) 휴대용 가방

3 W: Excuse me. Do you have fax facilities at this hotel?

M: Yes, we do. It costs $2.00 a page to send, and $3.00 to receive.

W: I was wondering if I could receive a fax from my office.

M: _______________________________

(a) You can use our sauna for free if you are staying here.

(b) The swimming pool closes at midnight every day.

(c) The hotel parking facilities are reserved only for our guests.

(d) Of course. We can charge it to your room.

> **어휘** fax facilities 팩스 장비
> sauna 사우나
> for free 무료로
> reserved 따로 떼어 논, 예약된

4 W: Sorry. Can you tell me the way to the Harrison Hotel?

M: Keep going and turn right at the third intersection.

W: I see. Where should I go from there?

M: Go past a movie theater across from a fountain.

W: Drive past a movie theater. And then?

M: Turn left at the second traffic light and it's on your right.

Q. What does the woman need to do first to go to the hotel?

    (a) Drive straight ahead

    (b) Turn right at an intersection

    (c) Take the hotel bus at the theater

    (d) Look for a water fountain

어휘 intersection 교차로
go past 지나치다, 지나가다
traffic light 신호등

5 Good morning, passengers. Welcome to Northwest Airlines Flight 820 departing LA Tom Bradely airport and heading for New York John F. Kennedy airport. I'm captain Denis Moor in charge of this flight. The flight time will be approximately five hours and we will arrive in New York at one in the afternoon. It's cloudy with a little bit of rain. The weather in New York is beautiful and sunny, with a temperature of 4℃. Be sure to turn off all electronic devices during the flight. After we take off, we'll be flying at an altitude of thirty-five thousand feet and some turbulence is expected on the way. Please remain seated and fasten your seat belts until the aircraft is airborne. Our cabin crew will come around to help you. Thank you for choosing us.

Q. Which is correct according to the announcement?

    (a) Passengers are allowed to use their laptop computers.

    (b) The weather in LA is sunny and warm now.

    (c) The flight took off at about eight o'clock in the morning.

    (d) The airplane is just about to land in New York.

어휘 in charge of ~을 책임지고 있는   flight time 비행 소요시간
electronic devices 전자 장비, 전자 제품   altitude 고도
turbulence 난기류   airborne (비행기가) 안전 고도에 떠 있는
cabin crew 승무원

Chapter 13

학교 생활

학교 생활과 관련된 문제에서 평소에 들어보지 못한 어휘나 과목 이름이 등장한다 하더라도 당황하지 말고 단어 앞뒤 어휘들의 뉘앙스를 가지고 추측하며 분위기를 파악하도록 한다.

시험에서 1등을 한 건지(got the top score, aced) 낙제한 건지(flunked, failed, bombed) 빨리 감을 잡는다. 또한 admission(입학 허가), enrollment(수강신청과 등록금 납입을 모두 포함한 등록), sign up(수강신청하다), scholarship(장학금), check out(책을 대출하다) 등 학업 관련 어휘들을 익혀놓도록 한다.

Sample

According to many academics, completing a PhD is one of the most challenging academic pursuits. At the level of a PhD, a student is given little guidance on the part of his or her professors. Generally, the student is expected to follow his or her research interests, and check in with the professors periodically. Many students find that they lose their motivation midway through the 3-year program. It can also be extremely isolating to work on such a long degree with little support.

Q. Which of the following is correct according to the talk?

(a) Academics strongly recommend pursuing a PhD.
(b) Many PhD students rarely drop out on the way.
(c) Pursuing a PhD can be a difficult endeavor.
(d) A student working on a PhD doesn't have to live in isolation.

해설 진위를 파악하는 문제로, 박사학위를 취득하는 것이 어렵고, 힘겨운 일이라는 요지의 담화문을 듣고 진위를 파악하는 문제이다. 주제문이 첫 문장에 나와 있고, 나머지 문장들은 이 주제문을 뒷받침 해주고 있는 부연 설명문이다. (a)는 담화문에 언급되지 않았으므로 오답이며, (b)와 (d)는 담화문에 언급된 내용과 정반대의 내용이다. 따라서 이글의 주제와 관련 있는 선택지인 (c)가 정답이다.

어휘 PhD Philosophiae Doctor 또는 Doctor of Philosophy의 약자로 박사학위
check in with ~의 검사를 받다
periodically 주기적으로, 정기적으로
motivation 자극, 동기

Actual Test

Part I Choose the most appropriate response to the statement.

1. (a) (b) (c) (d)
2. (a) (b) (c) (d)

Part II Choose the most appropriate response to complete the conversation.

3. (a) (b) (c) (d)

Part III Choose the option that best answers the question.

4. (a) (b) (c) (d)

Part IV Choose the option that best answers the question.

5. (a) (b) (c) (d)

Actual Test Script

1 M: Did you know that Andrew got kicked out of school?

W: _______________________________

(a) Well, he had it coming.

(b) I bet he'll make a good student.

(c) I'm not sure when he got accepted into university.

(d) Thank you very much for your effort.

> 어휘 get kicked out of school 학교에서 쫓겨나다, 퇴학당하다
> have it coming 상황을 자초하다, 초래하다

2 W: Guess what? I finally passed my chemistry final.

M: _______________________________

(a) I know. You and Jane don't have any chemistry.

(b) Join the club. I flunked my chemistry final, too.

(c) Way to go! You made it at long last.

(d) I'll give it a try, but guessing's too hard.

> 어휘 final 기말고사
> chemistry 화학, 궁합
> Join the club 나도 같은 처지야
> flunk 낙제하다(= fail)
> Way to go! 잘했어!(격려의 표현)
> give it a try 시도해보다

3 M: I cannot believe that they have called off the school play.

W: What part were you supposed to play in it?

M: I was to be Romeo, and Rose was going to play the part of Juliet.
We spent so much time practicing the lines together.

W: _______________________________

(a) The least you can do is to call her and tell her you're sorry.

(b) I hope you will remember this lesson for the rest of your life.

(c) It serves you right that you didn't listen to your father's advice.

(d) At least you had a nice time practicing the play with Rose, didn't you?

> 어휘 call off 취소하다
> practice the lines 대사 연습을 하다
> It serves you right 꼴좋다, 그래도 싸다, 옹골지다, 쌤통이다

4 W: Hi, I'm Diana. You must be the new teaching assistant Andy.

M: Yes, Diana. Nice to meet you. I just started work yesterday.

W: How are you settling in?

M: Actually, this is a new job and it is my second day, so I need to get into the swing of it as soon as possible.

W: Don't worry. Professor Pobinski is a very nice person and the other people here are friendly as well.

M: Yeah, they look so. I think I'll like it here.

Q. What is the main focus of the conversation?

   (a) Why the woman likes working for professor Pobinski

   (b) The man's previous work experience as a full-timer

   (c) How the man feels about his new job

   (d) The reputation of professor Pobonski and the university

어휘 teaching assistant 조교　　　　　　settle in 적응하다
get into the swing of ~에 능숙해지다, 적응하다, 익숙해지다

5 Good afternoon students. Welcome to the first class of the organic chemistry this semester. I'm Professor Erica Frances. First of all, for a detailed course description, try looking at the course syllabus that I put on the university homepage. We will meet four times a week: Monday, Wednesday, Thursday and Friday. On Mondays and Wednesdays, we'll study theoretical chemistry. On Thursdays and Fridays, we'll have a laboratory class and you only need to bring your notebooks. You don't have to sit any examinations during the semester. However, there are assignments that you need to submit at the beginning of each month. I hope you all enjoy my class. Any questions?

Q. Which is correct according to the talk?

   (a) Students are required to attend classes five days each week.

   (b) On Thursdays and Fridays, students will study theoretical chemistry.

   (c) A course description will be handed out in the first class.

   (d) Students will have to hand in more than one assignment during the whole semester.

어휘 organic chemistry 유기화학　　　　　course description 강의 소개, 강의개요
course syllabus 강의계획서　　　　　　theoretical chemistry 이론화학
sit an examination 시험을 보다, 시험을 치르다　　hand out (유인물 등을) 나누어주다, 배포하다

Chapter 14

건강, 병원

LC에서 어려운 어휘를 듣게 되면 수험자는 당황하게 된다. 특히 건강이나 병원 파트에서는 병명 관련 어휘가 어렵게 느껴질 수 있으므로 주제별로 미리 익혀놓도록 한다. 자주 등장하는 어휘에는 pneumonia (폐렴), tuberculosis(결핵), hypochondriac(건강 염려증) 등이 있다.
또한 건강 관련 문제의 경우, 의사/약사와 환자가 나누는 대화 외에 지인이나 친구끼리 건강을 주제로 대화를 나눌 수도 있으므로 under the weather(몸 상태가 좋지 않은), obesity(비만), call in sick(병결을 알리다), fever and chills(열과 오한) 등 일상 대화에서 접할 수 있는 표현들을 되도록 많이 암기해놓도록 한다.

Sample

W: Jeremy, why are you rubbing your eyes?
M: Oh, was I doing that? I didn't notice that I was.
W: Are your eyes bothering you?
M: I guess so.
W: Why didn't you say anything?
M: I didn't think it was a big deal.
W: They're all red! We need to take you to the walk-in clinic.

Q. Why is the woman suggesting the man to go to the walk-in clinic?

(a) Because she is concerned about the boy's eyesight.
(b) Because she is worried about the boy's irritated eyes.
(c) Because the boy is complaining about his eyes being sore.
(d) Because the boy is making a big deal out of something small.

해설 여자가 남자에게 병원에 가보라고 한 이유는 당연히 남자 눈이 걱정되기 때문이므로 정답은 (b)이다. 남자는 자신의 눈에 대해 불평을 하거나, 크게 걱정하지 않았으므로(I didn't think it's a big deal.) (c)와 (d)는 정답이 될 수 없으며, 여자가 걱정한 것은 남자의 시력이 아니라, 눈에 난 염증이었으므로 (a) 역시 대화문의 내용과 일치하지 않는다.

어휘 bother 괴롭히다, 성가시다
walk-in clinic 예약 없이 진료 가능한 병원, 응급 진료소
irritated 염증이 난, 쓰라린
sore 아픈, 따끔따끔한

Actual Test

Part I Choose the most appropriate response to the statement.

1. (a) (b) (c) (d)

2. (a) (b) (c) (d)

Part II Choose the most appropriate response to complete the conversation.

3. (a) (b) (c) (d)

Part III Choose the option that best answers the question.

4. (a) (b) (c) (d)

Part IV Choose the option that best answers the question.

5. (a) (b) (c) (d)

Actual Test Script

1 M: I feel under the weather today. I spent the whole night working on the project.

W: ________________________________

(a) You said it. It is really beautiful weather.

(b) I know. Last year's project was good, too.

(c) Stop burning the candle at both ends, or you'll end up sick.

(d) You should have watched the forecast.

> **어휘** feel under the weather 몸이 좋지 않다; 몸이 찌뿌둥하다
> burn the candle at both ends 무리하다

2 M: My God! The baby's choking! What should I do?

W: ________________________________

(a) Let's take him to the oculist.

(b) I'll call my uncle. He is a pediatrician.

(c) Two hours is too long to wait.

(d) He's been diagnosed with pneumonia.

> **어휘** choke 질식하다, 숨을 잘 못 쉬다
> oculist 안과 의사
> pediatrician 소아과 의사
> diagnose 진단하다

3 M: Monica, what did the doctor say about your mom's condition?

W: He says that she's got breast cancer.

M: Oh, I'm sorry. What are you going to do?

W: ________________________________

(a) She was exposed to ultraviolet rays too much.

(b) I'll look for a second opinion.

(c) My grandma died of breast cancer, too.

(d) That's easier said than done.

> **어휘** breast cancer 유방암
> be exposed to ~에 노출되다
> ultraviolet rays 자외선
> second opinion 다른 의사의 소견[진단]
> die of (병 따위로) 죽다

4 M: So, how did my check-up go?

W: Well, Sam, according to the chart, you have high blood pressure.

M: Ah, that figures. I've been having headaches lately and I often lose my breath. I've been feeling very tired.

W: In my opinion, your high blood pressure is directly attributable to your weight.

M: So what should I do?

W: Well, there's no better prescription than good regular exercise and diet.

Q. Which of the following is the woman advising the man to do?

(a) To get enough sleep

(b) To lose weight

(c) To take medicine

(d) To get physical therapy

어휘 check-up 건강 검진
chart 도표
blood pressure 혈압
A is attributable to B A는 B 때문이라고 할 수 있다
prescription 처방

5 A great number of new born babies are very weak against disease because they have not been fully immunized. As a mother, you need to understand that full protection takes around 7 visits for shots, and you should start your baby on an anti-infection program by 3 months and have completed it before they reach the age of two. Your baby's immunization is totally dependent on you. Therefore, it is important that you ask your doctor if your baby has not missed any of these procedures.

Q. What is the main topic of the announcement?

(a) The definition of an anti-infection program

(b) How vulnerable the new born babies are

(c) Appropriate information about baby health

(d) The need for the scheduled immunization of your baby

어휘 immunize 예방접종하다, 면역시키다
complete 완료하다, 완성하다
be dependent on ~에 달려 있다, 좌지우지되다
scheduled immunization 계획적인 예방접종

Chapter 15

직장 생활

직장 관련 내용은 신입사원으로 입사한 상황, 새로운 부서로 전근하는 상황(transfer), 진급하는 상황(promotion), 직장을 그만두거나(resign, quit) 개인의 잘못으로 해고되는 상황(fired), 회사의 구조조정(restructuring, downsizing) 등으로 정리해고되는 상황(laid off) 등으로 나눠볼 수 있다.
또한 보고서 제출(submit the report)이나 지각을 하는 상황, 초과근무(overtime work) 때문에 상사와 갈등을 겪는다든지 하는 상황이 출제될 수도 있다.

Sample

W: What did you think about that board meeting?

M: It's quite serious. The management is planning a big budget cut.

W: How will it affect your people?

M: ________________________

(a) My secretary will get a raise.

(b) My secretary will be hired.

(c) My secretary will have to be fired.

(d) My secretary will be promoted.

해설 의문사 How로 시작되는 의문사 의문문이다. 여자의 마지막말만 들어서는 답을 고르기 힘들며, 대화 전체의 내용을 파악해야 풀 수 있는 문제이다. 예산 삭감의 결과로 적절한 선택지를 골라야 하므로 정답은 (c)가 되어야 한다. 선택지 (a), (b), (d)의 경우 일반적으로 예산 삭감에 대한 결과라 볼 수 없으므로 정답이 될 수 없다.

어휘 **board meeting** 이사회 회의
budget cut 예산 삭감
fire 해고하다
promote 승진시키다

Actual Test

Part I Choose the most appropriate response to the statement.

1. (a) (b) (c) (d)
2. (a) (b) (c) (d)

Part II Choose the most appropriate response to complete the conversation.

3. (a) (b) (c) (d)

Part III Choose the option that best answers the question.

4. (a) (b) (c) (d)

Part IV Choose the option that best answers the question.

5. (a) (b) (c) (d)

Actual Test Script

1 W: Roberto got a promotion to sales manager.

M: _______________________________

(a) This month's sales figures are miserable.

(b) There's not enough wind to sail the boat.

(c) That's not surprising. He deserves it.

(d) He's been promoted to a different league.

> **어휘** get a promotion 승진하다
> sales figures 판매실적, 영업실적
> miserable 비참한
> That's not surprising 그건 당연하다, 놀랄 일도 아니다

2 M: William in my department is a real headache.

W: _______________________________

(a) Yes, everybody seems to like him.

(b) You can say that again. He is very difficult to be with.

(c) Sure, it was such a difficult task.

(d) True. He's incredibly sociable.

> **어휘** headache 두통, 골칫거리
> Your can say that again 네말이 골백번 맞아
> incredibly 믿을 수 없을 만큼, 놀랄 만큼
> sociable 사교적인

3 M: Are you going to accept the job offer?
W: I'm still thinking, but what they offered to me was irresistible.
M: Promise to get in touch even if you leave.
W: _______________________________

(a) Yes, I promise that I'll do my best for you.

(b) It was so touching that I cried.

(c) If that's the case, I'll try to.

(d) I left earlier to be on time.

> **어휘** job offer 일자리 제의[제안], 스카웃 제의
> irresistible 거절하기 힘든, 저항할 수 없는, 뿌리칠 수 없는, 매력적인
> touching 감동적인

4 W: How are things going, Jerry?

M: Well, things have become uncertain since the takeover.

W: Is it true that about 200 people will have to be laid off?

M: Yeah. A couple of my colleagues had to go the other day.

W: I'm glad you still have a job.

M: I am too, but I'll have to wait and see.

Q. What are the man and the woman talking about?

(a) A large number of newly employed workers

(b) A decrease in the number of the unemployed

(c) The man's pay raise for his hard work

(d) The ongoing restructuring at the man's company

어휘 takeover 인수합병
lay off 정리해고 하다
colleague 직장동료
wait and see 두고 보다, 지켜보다
pay raise 봉급 인상
ongoing 진행 중인
restructuring 구조조정

5 My fellow associates at Arthur Anderson. This announcement is to let you know of a new system that our firm has decided to implement. Until now, everyone has kept office hours from 8 to 5:30. Therefore, even when you didn't feel well or didn't have much work to do, you had to stay in the office. But as of July 1st, all this is going to be changed. You can come and go as you please as long as you meet your weekly quota, which will be carefully checked by the managing director.
I hope this new system will make the best results for you. Thank you.

Q. According to the new system, what can you do if you don't feel well at work?

(a) Go home and make up for the lost time the next day

(b) Go to the local clinic after regular office hours

(c) Ask the managing director if you can take a day off

(d) Leave work and have a rest as long as you complete your weekly quota

어휘 associate 동료
implement 시행하다, 실시하다
office hours 근무시간
quota 할당량
go to the local clinic 동네 병원에 진료받으러 가다
take a day off 하루 휴가를 내다

Chapter 16

전화

전화상에서 누구를 찾을 때는 찾는 이가 있을 때와 부재 중일 때의 두 가지 상황이 연출될 수 있다. 그 중 찾는 이가 있을 때도 두 가지 상황이 있을 수 있는데, 그것은 전화를 받는 사람이 바로 그 사람인 상황(Speaking, who's calling?)과 찾는 이가 다른 사람이라서 전화 연결을 해줄 수 있으니 기다리라는 상황(I'll put you through.)이다. 후자와 관련된 말로는 Please hold on.(기다려 주세요.), There is a call for you.(전화 왔어요.) 등이 있다.

부재 중일 때는 잠깐 부재 중인 경우(He/She is stepped out.)와 퇴근한 상황(He/She's gone for the day.), 출장을 간 상황(He/She is out of town.)이라서 나중에 다시 전화하라고 하는 상황이 있을 수 있다.

Sample

M: Hello, this is James Granger, returning Mr. Kim's call.

W: ＿＿＿＿＿＿＿＿＿＿＿＿＿＿＿＿＿＿＿＿＿＿

(a) I think you have the wrong number.

(b) I'll call back later.

(c) I'm afraid the line is busy. Would you like to leave a message?

(d) He's been waiting to see you, too.

해설 남자가 자신의 신분을 밝히며 Mr. Kim의 전화에 회신 전화를 하는 것이라고 말하고 있으므로, 결국 Mr. Kim을 바꿔달라는 이야기이다. 따라서 바꿔주겠다는 응답이나, 바꿔줄 수 없는 이유를 밝히는 응답을 예상할 수 있다. 그러므로 지금 Mr. Kim의 전화가 통화 중이라 바꿔줄 수 없으니 메시지를 남기겠냐고 묻고 있는 (c)가 정답이다.

어휘 return one's call ~의 전화에 대해 회신 전화를 주다
have the wrong number 전화를 잘못 걸다
call back 나중에 다시 전화하다
the line is busy 그 전화는 지금 통화 중이다

Part I Choose the most appropriate response to the statement.

1.   (a)   (b)   (c)   (d)
2.   (a)   (b)   (c)   (d)

Part II Choose the most appropriate response to complete the conversation.

3.   (a)   (b)   (c)   (d)

Part III Choose the option that best answers the question.

4.   (a)   (b)   (c)   (d)

Part IV Choose the option that best answers the question.

5.   (a)   (b)   (c)   (d)

Actual Test Script

1 M: Can I speak to Colin Archer, please?

  W: ________________________________

  (a) He left his mobile phone on his desk.

  (b) He's going away for a week.

  (c) I've always wanted to speak with you.

  (d) I'm afraid he's just stepped out.

  > **어휘** mobile phone 휴대폰(= cell phone)
  > step out 나가다

2 W: Hi, my name is Sandra Bush and I'd like to make a collect call to my dad in New York.

  M: ________________________________

  (a) Sorry, darling. You've got the wrong number.

  (b) Please hold on while I put you through.

  (c) And his name and number please?

  (d) Please don't hang up on me again.

  > **어휘** collect call 수신자 부담 전화
  > put somebody through (전화상) ~를 연결해주다
  > hang up on somebody ~의 전화를 끊다

3 W: Hello, is this Megabyte Semiconductors?

  M: Yes, may I ask who's calling?

  W: This is Linda Anderson. I'd like to speak to Mr. Perkins.

  M: ________________________________

  (a) Take a seat and he'll come right away.

  (b) I'm sorry, but he's gone for the day.

  (c) It will be difficult to call you back.

  (d) Sorry, but I don't think I know you.

  > **어휘** semiconductor 반도체
  > go for the day 퇴근하다

4 M: Ms. Bass, please.

W: Speaking. Can I ask who I'm speaking to?

M: Delivery department at Broad Cross Shopping Center.

W: My goodness! I forgot to tell you my new address.

M: Yes. We went to the address you gave, but you weren't there.

W: I'm terribly sorry. Do you still have my purchases?

M: Yes, we do. Can you please give us your new address?

Q. Why did the woman NOT receive her purchases from the delivery staff?

(a) She was out on a date when they arrived.

(b) Her order was placed under a different name.

(c) She failed to inform them of her change of address.

(d) They delivered her shopping to the wrong person.

> 어휘 purchase 구매한 물품, 주문한 상품
> place an order 주문을 하다
> fail to + 동사원형 ~하지 못하다
> inform 알리다, 통보하다

5 Nowadays many people use mobile phones in different locations. Actually when mobile phones were first introduced, people were hesitant to talk on the mobile phone in public since it was considered very rude. However, we do hear conversations on the street, in the train, and on the bus nowadays, and naturally hear the details of complete strangers' private things broadcasting. Thus, we can conclude that talking on the phone in front of many people and being overheard seem to embarrass very few people these days.

Q. What is the speaker's main point about mobile phones?

(a) They are equipped with many innovative functions.

(b) It is very impolite to talk on a mobile phone in public transportations.

(c) Their use should be limited to public spots.

(d) Users are less apprehensive about using them in public nowadays.

> 어휘 hesitant 망설이는, 주저하는
> broadcast 방송하다, 동네방네 떠들어대다
> details 소소한 것, 세부 사항
> innovative 혁신적인
> public transportation 대중교통
> be limited to ~에 국한되다, 한정되다
> apprehensive (어떤 일을 하는 것에 대해) 부담을 느끼는

New TEPS MASTER 750

Grammer

Chapter 01

형용사와 관계사

🔍 Focus 1 형용사의 용법

➕ 한정적 용법: 형용사가 명사, 대명사의 앞뒤에서 수식, 한정하는 경우

❶ 전치 수식

The secretary is a **good-looking** Korean lady.
그 비서는 예쁜 한국 여성이다.

You will get the **specific** information about our party.
여러분은 우리 파티에 대한 구체적인 정보를 얻게 될 것입니다.

❷ 후치 수식

I want to try on something **larger**. 좀 더 큰 걸 입어보고 싶습니다.

I can do everything **possible** in God. 하나님 안에서 내가 모든 것을 할 수 있느니라.

❸ 주의해야 할 관용적 후치 수식 형용사

Attorney **General** 미 법무장관   Elizabeth the **second** 엘리자베스 2세

sum **total** 총계   President/Governor/Mayor-**elect** 대통령/주지사/시장 당선자

❹ 한정적으로만 쓰이는 형용사

sole 유일한	mere 단순한	utter 전적인	only 유일한	main 주된	elder 연상의
inner 내부의	outer 외부의	former 이전의	golden 황금의	drunken 술취한	

➕ 서술적 용법: 형용사가 동사 뒤에서 주격 · 목적격 보어로 쓰이는 경우

❶ 주격 보어로 쓰이는 경우

The book was very **interesting**. 그 책은 매우 재미있었다.

I would say she is very **pleased** with her job.
그녀는 자신의 직업에 매우 만족하고 있다고 할 수 있겠다.

❷ 목적격 보어로 쓰이는 경우

I found the book very **exciting**. 나는 그 책이 매우 재미있다고 생각했다.

James left the front door wide **open**. 제임스는 앞문을 활짝 열어두었다.

❸ 서술적으로만 쓰이는 형용사

afraid 두려운   asleep 잠든   ablaze 활활 타는   afloat 떠다니는   alert 경계하는

alive 살아 있는   awake 깨어 있는   alike 똑같은   ashamed 창피한   aware 알고 있는

fond 좋아하는   glad 기쁜   liable 의무가 있는   unable 할 수 없는   sorry 미안한

❹ 한정적 · 서술적 용법에 따라 의미가 달라지는 형용사

She should avoid **certain** foods such as raw eggs because she is pregnant.
그녀는 임신 중이기 때문에 날계란과 같은 특정 음식을 피해야 한다.

He is **certain** to win the race because he is the only one that participated.
그는 유일한 참가자이기 때문에 경주에서의 우승은 확실하다.

The prize is named for the **late** scientist Alfred Nobel.
그 상의 이름은 고인이 된 과학자 알프레드 노벨의 이름을 따서 만들어졌다.

He was **late** today for the second time this week.
그는 오늘 지각을 했는데 이번 주에만 두 번째이다.

➕ 수량 형용사의 용법

❶ 수를 표시하는 형용사

a great many, a number of, many, quite a few, a few

not a few students 많은 학생들   **quite a few** students 꽤 많은 학생들

❷ 양을 표시하는 형용사

a great amount of, a good deal of, much, quite a little

only a little milk 아주 적은 우유   **quite a little** milk 꽤 많은 우유

➕ 수량을 many, much로 나타내지 않는 명사

❶ large와 small을 쓰는 명사

amount, audience, percentage, family, number, population

❷ high와 low를 쓰는 명사

income, salary, wage, fee, price, tax, tariff

다음 괄호 안의 표현 중 어법상 알맞은 것을 고르세요.

1 It is believed that all (alive / living) creatures need air and water.

2 There was (an alive / a live) rabbit inside the cage.

3 It was wonderful to see so many (glad / happy) faces.

4 Jane's father gets a (much / high) wage but Ellen's father gets a low wage.

5 Be careful. Don't wake up the (sleeping / asleep) baby.

6 When the policeman stopped the car, the driver was (drunk / drunken).

7 Fortunately, all the (people involved / involved people) agreed to cooperate.

다음 중 틀린 부분을 바르게 고치세요.

8 Andy was too frighten to admit his mistake.

9 The committee offers help and advice to anyone interesting in becoming a teacher.

10 My son James is enough clever to know the answers.

11 My family is quite many, so everyone in my hometown knows us.

12 There was a much audience in the auditorium last night.

🔍 Focus 2 형용사의 심층 이해

➕ **형용사가 명사적으로 쓰이는 경우**

❶ the+형용사/분사 = 복수 보통명사/단수 보통명사/추상명사

My father goes to a special school for **the blind**.
나의 아버지는 장님들을 위한 특수학교에 다니신다.

The number of **the homeless** is increasing in the US.
미국의 노숙자들의 수가 증가하고 있다.

The accused has finally been sentenced to life imprisonment.
피고는 종신형을 선고받았다.

Since ancient times, many people have been curious about **the unknown**,
especially life after death.
고대 시대 이래로 많은 사람들이 미지의 세계, 특히 사후 세계에 대해 줄곧 궁금해했다.

➕ **명사를 수식하는 형용사의 어순**

❶ 전치 한정사+중위 한정사+수사+의견 형용사+대소+물리적 상태+모양+신구+색깔+국적/기원+재료+종류/유형+용도

- 전치 한정사: all, both, double, half
- 중위 한정사: 관사(a, the), 지시형용사(this, these), 소유격(my, his)
- 수사: 서수(first, second) + 기수(two, three)
- 의견 형용사: beautiful, ugly, pretty, brave, foolish, wise
- 대소: small, tiny, huge, large, big, tall, short
- 물리적 상태: hard, soft, sticky, smooth, rough
- 모양: round, square, circular
- 신구: old, new, young, modern, ancient
- 색깔: red, blue, black, blonde, pink
- 국적/기원: American, Chinese, Korean
- 재료: plastic, wooden, silver, stone, iron
- 종류/유형: **digital** clock, **MP3** file, **voice** mail, **spoken** English
- 용도: **washing** machine, **alarm** clock, **copy** machine

I bought **a small round** table. (관사+대소+모양)
나는 작은 원탁 테이블을 하나 샀다.

She has **a large green** vase. (관사+대소+색깔)
그녀는 큰 녹색 꽃병을 가지고 있다.

We used to have **a dirty old brown** coat at home. (관사+의견 형용사+신구+색깔)
우리는 한때 더럽고 낡은 갈색 코트를 집에 가지고 있었다.

My brother has **a green Chinese** vase. (관사+색깔+국적/기원)
내 형은 녹색의 중국산 꽃병을 가지고 있었다.

cf. These two beautiful small round new Korean digital alarm clocks.
지시형용사+수사+의견 형용사+대소+모양+신구+국적+유형+용도

Exercise 2

다음 중 틀린 부분을 바르게 고치세요.

1 My girlfriend, Jenny, wore a red beautiful silk shawl around her shoulders.

2 Ms. Simpson has married a young tall Canadian accountant.

다음 중 빈칸에 들어갈 알맞은 말을 고르세요.

3 A: Excuse me, do you know any place to talk?
B: Sure, that ______________ parliament building is good.

(a) old brick gray (b) brick old gray
(c) gray brick old (d) old gray brick

🔍 Focus 3 다양한 수량 형용사

➕ 수량 형용사의 결합 방식

❶ many

= a (good/large/great) number of, a number of, numbers of
- 〈many + 복수 보통명사(가산명사) + 복수 동사〉
- 〈many a + 단수 명사 + 단수 동사〉

❷ much

= a great/good deal of, a great/good/large quantity of
- 〈much + 불가산명사 + 단수 동사〉

❸ lots of

= a lot of, plenty of
- 〈lots of + 복수 보통명사(가산명사) + 복수 동사〉
- 〈lots of + 불가산명사 + 단수 동사〉

❹ few/a few

- 〈few + 복수 보통명사(가산명사) + 복수 동사〉 거의 없는 (부정)
- 〈a few + 복수 보통명사(가산명사) + 복수 동사〉 조금 있는 (긍정)

❺ little / a little

- 〈little + 불가산명사 + 단수 동사〉 거의 없는 (부정)
- 〈a little + 불가산명사 + 단수 동사〉 조금 있는 (긍정)

❻ several

- 〈several + 복수 보통명사(가산명사) + 복수 동사〉 몇몇의

❼ no

- 〈no + 가산명사 + 복수 동사〉 ~이 없는
- 〈no + 불가산명사 + 단수 동사〉 ~이 없는

✚ 대명사 역할도 하는 한정 형용사

❶ all

- 〈all + 복수 보통명사〉

  All children share the same interests.

  모든 아이들이 공통의 관심사를 가지고 있다.

- 〈all the + 복수 보통명사〉

  All the students of this school pay their own tuition.

  이 학교의 모든 학생들이 자신들의 등록금을 낸다.

- 〈all of the + 복수 보통명사〉

  All of the cabinet members agreed with the decision.

  내각의 모든 구성원들이 그 결정에 동의했다.

  cf. all은 불가산명사와 쓰일 때 단수 동사가 온다.

  All knowledge **is** not good.

  모든 지식이 좋은 것만은 아니다.

  All of the money **was** stolen.

  그 돈이 모두 도난당했다.

❷ most

- 〈most + 복수 보통명사〉

  Most children share the same interests.

  대부분의 아이들이 공통의 관심사를 가지고 있다.

- 〈most of the + 복수 보통명사〉

  Most of the residents wanted the new highway to be constructed.

  대부분의 주민들은 새로운 고속도로가 건설되기를 원했다.

❸ both

- 〈both + 복수 보통명사〉

  Both children have the same dream.

  두 아이 모두 똑같은 꿈을 가지고 있다.

- 〈both of the + 복수 보통명사〉

  Both of the teams have winning records.

  그 두 팀 모두 승리한 기록들을 가지고 있다.

❹ some / any

• 〈some/any + 명사〉

Some students know my academic background.
몇몇 학생들이 나의 학력을 알고 있다.

• 〈some/any of the + 명사〉

Employees' union wanted to change **some of the** regulations.
직원 노동조합은 일부 규정들을 변경하고 싶어 했다.

❺ every

• 〈every + 단수 명사〉

Every child shares the same interests.
모든 아이들이 공통의 관심사를 가지고 있다.

cf. every는 〈every of the + 단수/복수 명사〉와 같은 형태로는 쓰이지 않는다.

Every of the employee shares the same interests. (×)
모든 직원들이 공통의 관심사를 가지고 있다.

Exercise 3

다음 괄호 안의 표현 중 어법상 알맞은 것을 고르세요.

1 Australia usually has (much / lots of) rainy days in July, but this year they had (few / little) rain.

2 Sandy possesses (plenty of / a great deal of) books.

3 Kate seems very mature for a (twenty-year-old girl / twenty-years-old girl).

4 The moon is (bright / brightly).

5 (Rich / The rich) are not always happy.

6 She saw (white something / something white) in the dark.

7 All of us (has / have) to go there tomorrow afternoon.

8 (Each / Every) of them knows the password, so don't worry about the task.

❶ industrial 산업의 / industrious 근면한

industrial country 산업 국가
industrious person 근면한 사람

❷ successful 성공한 / successive 잇따르는

successful applicant 성공한 지원자
successive failures 잇따르는 실패들

❸ regretful 후회하는 / regrettable 유감스런

regretful face 뉘우치는 얼굴
regrettable incident 유감스런 사건

❹ classic 일류의 / classical 고전적인

classic authority 최고 권위자
classical music 고전 음악

❺ literal 문자상의 / literary 문학의 / literate 글을 읽고 쓸 줄 아는, 교양 있는

literal error 오식, 오자
literary writer 문예 기자
literate person 학식 있는 사람

❻ negligent 태만한 / negligible 무시해도 좋은

negligent employees 태만한 직원들
negligible person 무시해도 좋은 사람

❼ sensitive 민감한 / sensible 분별력 있는

sensitive skin 민감한 피부
sensible person 지각 있는 사람

❽ economic 경제의 / economical 알뜰한

economic crisis 경제 위기

economical housewife 알뜰한 주부

❾ healthful 건강에 좋은 / healthy 건강한

healthful diet 건강에 좋은 식사

healthy body 건강한 몸

❿ credible 믿을 만한 / credulous 잘 속는

credible witness 믿을 만한 증인

credulous person 잘 속는 사람

⓫ considerable 상당한 / considerate 배려심이 많은

considerable labor 많은 수고

be considerate of others 남을 잘 배려하다

⓬ urban 도시의 / urbane 품위 있는

urban population 도시 인구

⓭ moderate 알맞은 / modest 겸손한

moderate exercise 적당한 운동

moderate prices 적당한 가격

modest behavior 겸손한 행동

⓮ practicable 실행 가능한 / practical 실용적인

practicable plan 실행 가능한 계획

practical affairs 실무

⓯ momentary 순간의 / momentous 중대한

momentary thrill 순간의 전율

momentous decision 중대한 결정

🔍 Focus 5 수사 형용사

❶ dozen, hundred, thousand, million, billion 등이 형용사로 쓰일 때는 숫자와 더불어 단수형으로 정확한 수를 나타내고, 명사로 쓰일 때는 **of**와 더불어 복수형으로 막연한 수를 나타낸다.

Three **thousand** people were waiting for admission to the temple.
3천명의 사람들이 그 사찰에 들어가려고 기다리고 있었다.

Hundreds of protesters are heading to Washington, D.C. to disrupt a meeting of the World Bank.
수백 명의 시위자들이 세계은행 회의를 저지하기 위해 워싱턴 D.C.로 향하고 있다.

❷ 〈숫자 + 단위 명사〉가 형용사 역할을 할 때: 하이픈(-)으로 연결하고, 단위 명사는 항상 단수형을 쓴다.

Dr. Wilson is a founder and director of a **seven-year-old** consulting firm.
윌슨 박사는 7년 역사의 컨설팅 회사의 창시자이자 이사이다.

❸ 형용사 old가 명사 역할을 할 때: 복합어를 만들어 '~세의 사람'이라는 뜻

A **ten-year-old** is capable of completing his own homework.
열 살짜리 아이는 자신의 숙제를 할 수 있다.

A third of **ten-year-olds** are concerned about their weight in Britain.
영국에서 10세 아이들의 3분의 1이 자신의 체중에 대해 걱정하고 있다.

Exercise 4

다음 중 틀린 부분을 바르게 고치세요.

1 The unemployed wants their jobs back.

2 About two thirds of seven-year-olds in North Korea is suffering from the shortage of food.

3 In Korea, millions of students is working very hard to pass the university entrance exam.

4 It was very considerable of you to let us know you were going to be late.

5 The report stated that Dr. Brady had been negligible in not giving the patient a full examination.

6 Laura is very sensible about her weight.

7 He was unable to give a credulous explanation for his behaviour.

다음 중 빈칸에 들어갈 알맞은 말을 고르세요.

8 A: Would you like _______________ more milk?
B: No, thanks. I think I had enough.

(a) any　　　　　　　　　　　(b) all

(c) every　　　　　　　　　　(d) some

9 The railings on _______________ side of the walkway are to protect people from falling into the stream.

(a) either　　　　　　　　　　(b) neither

(c) no　　　　　　　　　　　(d) both

❶ 주어를 대신하는 경우

They are the students **who/that** deserve praise.
그들은 칭찬받을 자격이 있는 학생들이다.

The manager is one of the council members **who/that** oppose the plan.
매니저는 그 계획에 반대하는 위원회 위원들 중에 한 명이다.

❷ 목적어를 대신하는 경우

I met a friend **whom/that** I had not seen for several years.
나는 여러 해 동안 만나지 못했던 친구 한 명을 만났다.

Those are the people to **whom** Mary was referring.
저 자들이 메리가 언급했던 사람들이다.

❸ 소유격을 대신하는 경우

I saw a girl **whose** beauty took my breath away.
나는 숨이 막힐 정도로 아름다운 소녀를 만났다.

Everyone **whose** qualifications meet our criteria will be accepted.
자격 조건이 우리의 기준을 충족시키는 사람은 누구나 받아들일 것이다.

This is a country **whose** population is growing.
이 나라는 인구가 증가하고 있다.

❹ 관계대명사의 계속적 용법

• 앞에 comma(,)가 있는 관계사절은 선행사에 대한 보충 설명을 덧붙일 때 사용된다.

I visited Mary, **whom** I found very busy that day.
나는 메리를 방문했는데, 그녀는 그날 매우 바빴다.

• 계속적 용법으로 쓰인 which는 단어 외에 구나 절을 선행사로 취할 수도 있다.

He said he was ill, **which** was a lie.
그는 자신이 아프다고 말했는데, 그것은 거짓말이었다.

Exercise 5

다음 빈칸에 알맞은 관계대명사를 쓰세요.

1 I spoke with a traveler _______________ lost a hundred-dollar check.

2 Mary is the woman _______________ my brother is going to marry.

3 I chose a dealer _______________ we believe was honest.

4 Min-ho wrote her a long letter, _______________ he didn't mail.

5 I know a boy _______________ father is a famous professor in the field of economics.

6 Kaka brothers is a musical group _______________ talent has gone off in recent years.

7 On campus, the students _______________ cars are parked illegally will be ticketed.

⚲ Focus 7 관계대명사의 심층 이해

➕ 관계대명사 that의 주의할 용법

- 선행사가 부정대명사 all, much, little, none, anything, something이거나, 최상급 및 the only, the same 등의 수식을 받는 경우
- 선행사가 의문사 who일 때
- 선행사가 〈사람＋사물〉일 때

Karen Wilson is the only woman that I love.
캐런 윌슨은 내가 사랑하는 유일한 여자이다.

Have you seen the man and the horse that won the race?
그 경주에서 우승한 사람과 말을 본 적 있습니까?

cf. 주격인 경우는 선행사가 위의 부정대명사 중 something, anything일 경우에 that뿐만 아니라 which를 쓸 수도 있다. 하지만 목적격인 경우는 something, anything 다음이라도 that만을 써야 한다.

something which is good for health – 주격 (○)
something which I like – 목적격 (×)

➕ 관계대명사와 전치사: 전치사의 이동은 대체로 자유로우나 아래의 경우는 전치사 이동 불가

❶ 반드시 〈전치사＋관계대명사〉의 어순인 경우

전치사가 between, beyond, during, toward 등일 때

❷ 반드시 〈관계대명사＋ ～ ＋전치사〉의 어순인 경우

be fond of, look after, put up with처럼 긴밀한 결합성을 지닌 동사군

❸ 관계대명사 that으로 바꿀 수 있는 경우

the gentleman **to whom** this gift was sent
= the gentleman **that** this gift was sent **to**
이 선물을 받은 신사

Exercise 6

다음 중 틀린 부분을 바르게 고치세요.

1   It was the best bed which Anne had ever slept in.

2   Jane is the most beautiful girl who I have ever seen in my whole life.

3   His son, that lives in Ithaca, is studying hotel management at Cornell University.

4   James! Is there anything which you are interested in?

5   The boy whom I thought was very healthy suddenly fell ill.

6   He made a visit to the city last year, which he fell ill during.

7   There is no one here of that you need to be afraid.

다음 중 빈칸에 들어갈 알맞은 말을 고르세요.

8   This is the dictionary _______________ yesterday.

   (a) who I lost   (b) I lost
   (c) which lost   (d) of which I lost

관계대명사 what

What really counts is whether you have the will to survive.
정말 중요한 것은 네가 생존하고자 하는 의지를 가지고 있느냐 없느냐이다.

They didn't like **what** she wrote.
그들은 그녀가 쓴 글을 맘에 들어 하지 않았다.

복합 관계대명사 whoever, whomever, whatever

Help **whoever** deserves help.
도움을 받을 자격 있는 사람은 누구든지 도와라.

The managers may employ **whomever** you recommend.
매니저들은 당신이 추천하는 사람은 누구든지 고용할지도 모릅니다.

I can do **whatever** you want.
나는 네가 원하는 건 무엇이든 할 수 있다.

cf. **Whatever** he does, I always love him. (양보의 부사절)
그가 무엇을 하건 상관없이, 나는 항상 그를 사랑한다.

관계부사

❶ 관계부사의 역할: 접속사와 부사의 역할을 겸한다.

I don't remember the day. + Mr. Kim left New York on the day.
= I don't remember the day **when** Mr. Kim left New York.
나는 김 씨가 뉴욕을 떠난 날이 언제인지 기억나지 않는다.

❷ 관계부사의 종류: 선행사가 시간이면 when, 장소면 where, 이유면 why, 방법이면 how

This is the apartment **where** Jane lives.
이곳은 제인이 살고 있는 아파트이다.

Do you know the reason **why** William didn't come?
윌리엄이 오지 않았던 이유가 뭔지 아니?

Tell me the way (**how**) you completed the assignment so quickly.
네가 숙제를 그렇게 빨리 끝낸 방법이 뭔지 나에게 말해줘.

Exercise 7

다음 중 틀린 부분을 바르게 고치세요.

1 I can't figure out the reason when she left me.

2 Can you find the hotel how we met 2 years ago?

3 We completed doing our task at seven, where she wanted me to stay longer.

4 A manufacturing facility often brings new jobs to the city which it is located.

5 Anything whatever has a beginning has an end.

6 The way how we speak is completely different from the way we write.

7 Fall is the season where the farmers are busy harvesting.

8 James took us to the park, when we enjoyed ourselves.

다음 중 빈칸에 들어갈 알맞은 말을 고르세요.

9 A: Sam, are you going to discard the old laptop?
B: Nope, I'll give it to _______________ wants it.

(a) whatever   (b) whomever
(c) whoever   (d) whichever

➕ It ~ that 강조구문에서 that의 역할

It ~ that 강조구문에서 강조할 수 있는 품사는 명사, 대명사, 부사(구·절)로 형용사와 동사는 강조할 수 없다. It ~ that의 강조구문에서 that은 관계대명사나 관계부사 역할을 한다.

I met William at the park this morning.
나는 오늘 아침 공원에서 윌리엄을 만났다.

- 주어 I를 강조하는 경우

  It was I **that** met William at the park this morning.
  오늘 아침 공원에서 윌리엄을 만난 사람은 바로 나였다.

- 목적어 William을 강조하는 경우

  It was William **that** I met at the park this morning.
  오늘 아침 공원에서 내가 만났던 사람은 바로 윌리엄이었다.

- 장소의 부사구 at the park를 강조하는 경우

  It was at the park **that** I met William this morning.
  오늘 아침 내가 윌리엄을 만난 곳은 다름아닌 공원에서였다.

- 시간의 부사구 this morning을 강조하는 경우

  It was this morning **that** I met William at the park.
  공원에서 내가 윌리엄을 만났던 것은 바로 오늘 아침이었다.

Exercise 8

다음 중 틀린 부분을 바르게 고치세요.

1 It was Charlie's apartment when my uncle used to live in.

2 It was Bill Clinton whom possessed moderate policies towards North Korea.

3 It is K-10 fitness center which I learned the method of weight lifting.

4 It is the day after tomorrow which my youngest daughter will marry her long-loved boyfriend, James.

5 It was Charles Dickson whom father used to be a statesman.

다음 중 빈칸에 들어갈 알맞은 말을 고르세요.

6 It was President Abraham Lincoln ______________ achieved emancipation for all African slaves throughout the country.

(a) whose
(b) who
(c) whom
(d) which

7 It was not until I became a mother ______________ I understood how much my mother had sacrificed for me.

(a) who
(b) whom
(c) that
(d) which

Actual Test

Part I   **Choose the best answer for the blank.**

1 A: Why don't you give the work to Paul?

B: No, he would be _________________ man to take on that sort of job.

(a) first   (b) the first

(c) last   (d) the last

2 A: We need some quiet place to talk.

B: Okay. There is a _________________ building around the corner.

(a) new glass blue   (b) glass new blue

(c) blue glass new   (d) new blue glass

3 A: Is there _________________ about the proposal that you didn't understand?

B: No, everything seems clear to me.

(a) something strangely   (b) strangely something

(c) something strange   (d) strange something

4 A: It makes your life easier if you have a car.

B: The thing is, I am just not _________________ to buy one.

(a) enough rich   (b) enough richly

(c) rich enough   (d) richly enough

5 A: How's your Spanish going?

B: I'm _________________ that I'm finally making progress.

(a) every happy   (b) such happy

(c) too happy   (d) so happy

6 A: What is a gynecologist?

B: It means doctors _________________ deal with ladies' illnesses.

(a) whom   (b) who

(c) which   (d) whose

7 A: I couldn't buy the expensive scarf, _________________ I think will disappoint my girlfriend.

B: That's too bad.

(a) what   (b) which

(c) that   (d) who

8 A: Have you bought a suitcase for your travel?

B: Nick had a good one, _________________ I guess would serve me fine, so I'll get that one.

(a) whom   (b) which

(c) that   (d) whose

9 A: I need to know what Mr. Terry's house is like.

B: He lives in an old wooden house, _________________ walls were damaged by the last hurricane.

(a) of which   (b) whose

(c) that   (d) who

Part II   Choose the best answer for the blank.

10 *Breakfast at Tiffany's*, _________________ was made in 1961, still attracts a lot of classic film lovers.

(a) which   (b) who

(c) whom   (d) that

Actual Test

11 _______________ are not always unhappy.

   (a) Poor   (b) Poorer

   (c) The poor   (d) Poorest

12 The managers closed the meeting hurriedly and headed for their _______________ offices.

   (a) respecting   (b) respected

   (c) respect   (d) respective

13 I ate almost all of the pizza I ordered in yesterday and there's only _______________ left today.

   (a) little   (b) a little

   (c) few   (d) a few

14 We went to _______________ beach that we stayed there for a couple more days.

   (a) such lovely a   (b) a lovely such

   (c) lovely such a   (d) such a lovely

15 The tax on gas is rather _______________.

   (a) high   (b) highly

   (c) expensive   (d) expensively

16 My husband bought a _______________ desk to furnish his study.

   (a) big wooden rectangular   (b) rectangular big wooden

   (c) wooden rectangular big   (d) big rectangular wooden

17 Creta is a beautiful historic island _______________ priceless Greek remains lie.

(a) which   (b) why

(c) when   (d) where

18 The colleagues with _______________ I used to work are all posted to Iraq.

(a) what   (b) whom

(c) who   (d) whose

Part III Identify the option that contains an awkward expression or an error in grammar.

19 (a) A: What about we have dinner together tonight?

(b) B: Which restaurant have you got in mind?

(c) A: How about the Divine Ground?

(d) B: Do they serve special anything there?

20 (a) A: We should keep woods and forests as they are to stop global warming.

(b) B: Cutting down trees has caused the average temperature to go up.

(c) A: Not only that. The ice at the North and South poles has already started melting.

(d) B: That's the thing what I'm worried about the most.

Chapter 02 부사와 전치사

🔍 Focus 1 부사의 기능

➕ **부사는 동사, 형용사, 다른 부사, 대명사, 명사, 절을 수식한다.**

❶ 동사를 수식하는 경우

I had to stay home because it rained **heavily** during the afternoon.
오후 내내 비가 많이 와서 집에 있어야만 했다.

❷ 형용사를 수식하는 경우

Sunny was **highly** intelligent and had a great sense of humor.
써니는 매우 똑똑했고 유머감각이 풍부했다.

❸ 부사를 수식하는 경우

Tim knows **perfectly** well that no one else but he can stage the play.
팀은 자신 이외에는 어느 누구도 그 연극을 연출할 수 없다는 걸 너무나 잘 알고 있다.

❹ 부사구[전치사구]를 수식하는 경우

You shouldn't go swimming **right** after having a meal.
식사를 한 직후에는 수영을 해서는 안 된다.

❺ 전체 문장을 수식하는 경우

Generally, government analysts in Washington believe that the stagnation is over.
일반적으로, 워싱턴의 정부 소속 분석가들은 경기침체가 끝났다고 생각한다.

Exercise 1

다음 괄호 안의 표현 중 어법상 알맞은 것을 고르세요.

1 Smoking (can affect seriously / can seriously affect) your health.

2 (Even / Even though) deserts may have marshes in low places and near springs.

3 You need to greet him (friendly / in a friendly manner).

4 They all spoke (high / highly) of William.

5 The 7:30 train has not arrived (already / yet).

6 She went to America two years (ago / before).

7 He told me that he had returned home two months (ago / before).

➕ 부사의 위치

❶ 새로운 정보의 부사(구)는 문장의 끝에 둔다.

It's cheaper to go to the airport **by subway**.
지하철로 공항에 가는 것이 더 싸다.

I waited in the queue **for two whole hours**.
나는 통째로 2시간을 줄을 서서 기다렸다.

❷ 빈도부사는 조동사와 be동사 뒤, 본동사 앞

The grass is **always** greener on the other side of the fence.
울타리 반대쪽의 잔디가 항상 더 푸르른 법이지. ('남의 떡이 더 커 보인다.' 는 의미의 속담)

He **always** makes a fuss over the children.
그는 항상 아이들에 대해 호들갑을 떤다.

❸ 짧은 부사(구) + 긴 부사(구 · 절)

Winston went back **to the office to make a phone call**.
윈스턴은 전화를 하러 사무실로 되돌아갔다.

They arrived **at one o'clock while I was having lunch**.
그들은 내가 점심을 먹는 동안 1시에 도착했다.

➕ 부사의 어순

❶ 장소 + 시간

Wilson arrived **there yesterday**.
윌슨은 어제 거기에 도착했다.

❷ 기간 + 빈도 + 시간

We went to Cambridge **three times last year**.
우리는 작년에 캠브리지에 3번 갔었다.

I'll be visiting Cambridge **for a few days in August.**
나는 8월에 며칠 동안 캠브리지를 방문하기로 되어 있다.

Exercise 2

다음 괄호 안의 표현 중 어법상 알맞은 것을 고르세요.

1 I (have always / always have) the feeling that she enjoys teaching us.

2 I (can't still / still can't) understand what the teacher explained.

3 The boy was (enough strong / strong enough) to work at the factory.

다음 중 틀린 부분을 바르게 고치세요.

4 We came last night at eleven here.

5 He writes always letters carefully.

6 I hardly could believe it to be true.

7 We got up enough early to catch the first train.

8 He is much fond of baseball.

9 She is very cleverer than her elder sister.

➕ ago / since / before

The school was pulled down years **ago**.
그 학교는 수년전에 부셔졌다.

We came to Chicago in 1974 and have lived here ever **since**.
우리는 1974년에 시카고에 왔고, 그 이후로 줄곧 여기에서 살고 있다.

Joseph and I became friends in 2007 although we had actually met several years **before**.
죠셉과 나는 비록 몇 년 전에 만났지만 2007년에야 친구가 되었다.

➕ already / still / yet

As he had **already** planned to go on a business trip to the United States, the manager politely declined the invitation.
그 매니저는 이미 미국으로 출장을 가기로 계획했기 때문에, 초대를 정중하게 거절했다.

I accept your objection, but my argument **still** holds good.
당신의 이의를 받아들이겠습니다만, 제 주장은 여전히 변함없습니다.

Have you completed the investigation **yet**?
조사를 이미 끝냈습니까?

➕ very / much

James did **very** well under the circumstances.
제임스는 그런 상황에서도 매우 잘해냈다.

Sales are **much** better than anticipated.
판매실적이 예상보다 훨씬 좋았다.

➕ enough

As for the children, they were happy **enough** to spend all day on the beach.
그 아이들로 말하자면, 그들은 하루 왼 종일 해변에서 보낼 만큼 행복했었다.

There aren't **enough** beds; the children will have to double up.
침대가 충분하지 않기 때문에, 아이들은 합숙을 해야 할 것이다.

✚ so / such

My friend Russell snores **so** loudly that he keeps me awake.
내 친구 러셀은 코를 심하게 골아서 나는 잠을 설친다.

It was **such** a good film that I watched it again.
그 영화는 너무나 좋은 영화여서 나는 그 영화를 다시 봤다.

✚ hardly / scarcely / barely / rarely

They're **hardly** enough to keep body and soul together.
그것들은 생계를 꾸려 나가기에 충분하지 않았다.

The children can **scarcely** read a line.
그 아이들은 글을 단 한 줄도 읽지 못한다.

There's **barely** enough food for dinner.
저녁식사를 위한 음식이 충분하지 않다.

Rarely can you see these birds during the daytime.
낮에는 이런 새들을 좀처럼 볼 수 없습니다.

🔍 Focus 4 주의해야 할 부사

✚ 뜻이 다른 두 가지의 부사 형태

late 늦게 — lately 최근에, 요즘		free 무료로 — freely 자유로이	
hard 열심히 — hardly 거의 ~않는		near 가까이 — nearly 거의, 대략	
high 높게 — highly 매우, 대단히		wide 넓게 — widely (범위) 널리	
pretty 상당히 — prettily 아름답게, 곱게		direct 똑바로 — directly 곧바로	
deep 깊게 — deeply 매우, 철저히		cheap 싸게 — cheaply 쉽게	
right 정확히 — rightly 정당하게		loud 큰 소리로 — loudly 시끄럽게	
clear 완전히 — clearly 분명히		low 낮게 — lowly 초라하게	
dear 비싸게 — dearly 몹시		sharp 정각에 — sharply 심하게	

✚ **-ly 형태지만 부사가 아닌 형용사인 경우**

friendly 우호적인	lovely 귀여운	motherly 어머니다운	orderly 규칙적인
manly 남자다운	lonely 고독한	costly 비싼	womanly 여자다운
timely 적시의	comely 아름다운	yearly 연간의	weekly 주간의
ugly 추한	monthly 매달의	homely 못생긴	lively 활기찬

Exercise3

다음 괄호 안의 표현 중 어법상 알맞은 것을 고르세요.

1 Mrs. Wilson was (very / much) pleased with her new high rise apartment on 7th Avenue.

2 Acting as the CEO of (so / such) a large firm was (so / such) stressful that she retired early.

3 He found his wife (very / much / more) changed.

4 The accident happened two weeks (ago / before / since).

5 I (scarcely had / had scarcely) time to run a comb through my hair.

6 I (never have seen / have never seen) such a demanding customer before.

7 He is (enough old / old enough) to go to school.

8 She said that she had met him two weeks (before / ago).

9 He is (very / much) the best student in his class.

10 The conductor did not speak (enough slowly / slowly enough) for me to understand.

🔍 Focus 5 전치사의 개념

➕ 전치사의 개념

명사(구) 또는 이에 준하는 어구 앞에 위치하여 다른 어구와의 관계를 보여주는 낱말

➕ 전치사의 목적어 자리에 오는 것들

Birthdays are always a good reason for a party.
생일은 항상 파티를 여는 좋은 이유이다.

Come along! We're all waiting for you!
함께 왜! 우리 모두가 널 기다리고 있어!

There's no point in acting surprised about it.
거기에 놀란 척 해봤자 소용없다.

We have no choice but to see it as movement from left to right.
우리는 그것을 좌에서 우로의 움직임으로 간주할 수밖에 없다.

➕ 헷갈리기 쉬운 전치사와 접속사

❶ 전치사면 전치사, 접속사면 접속사의 오로지 한 가지 품사만 고집하는 것들

전치사	접속사
despite, in spite of	although, even though
because of	because
during	while
according to	according as

❷ 전치사, 접속사로 모두 쓰이는 것들

before, after, as, for, till, since 등은 전치사, 접속사로 모두 쓰인다.

The new road will be completed before the end of next year.
새로운 도로가 내년 연말 이전에 완성될 것이다.

Jenny wants to see you before you leave for the United States.
제니는 네가 미국으로 떠나기 전에 널 만나고 싶어 한다.

Exercise 4

다음 괄호 안의 표현 중 어법상 알맞은 것을 고르세요.

1   You may either go or stay, (according as / according to) you decide.

2   (According to / According as) the paper, there was an earthquake in Japan.

3   I was delayed (because / on account of) the weather.

4   He is very healthy (although / despite) his age.

5   I can see your point and (in general / in generally) I agree with you.

6   Where have you been? Jenny was waiting (in you / for you).

7   I am about (to finish / finishing) my work.

8   Jason was here (while / during) you were away.

🔍 Focus 6 장소 · 방향 전치사

➕ 장소

❶ at: 하나의 점으로 파악된 장소

The beggar was standing **at** the corner of the street.
그 거지는 길모퉁이에 서 있었다.

They live **at** 28 Park Avenue.
그들은 파크 가 28번지에 살고 있다.

❷ in: 여러 선이나 면으로 에워싸인 공간으로 파악된 장소, 나라 이름, 도시 이름 앞

The money is kept **in** the safe.
그 돈은 금고에 보관되어 있다.

I used to live **in** Chicago but now live **in** Dallas.
나는 한때 시카고에 살았지만, 지금은 달라스에 살고 있다.

❸ on: 선이나 면으로 파악된 장소로서 표면을 강조, 층수 앞

They walked **on** the beach for several hours last night.
그들은 지난밤에 몇 시간동안 해변을 거닐었다.

I found a fly walking **on** the ceiling.
나는 천장에 파리가 기어다니는 걸 발견했다.

I bought this **on** the seventh floor of the department store.
나는 이걸 그 백화점 7층에서 구입했다.

➕ 위, 아래

❶ over / under

• over: (떨어져서 수직으로) 위에
Look at those two eagles flying **over** my head!
내 머리 위를 날고 있는 두 마리의 독수리를 봐봐!

We saw the bridge **over** the river.
우리는 강 위의 다리를 보았다.

• under: (떨어져서 수직으로) 아래에

I want you to get baskets **under** the dining table for me.
식탁 아래 바구니를 좀 가져왔으면 좋겠어.

The skiers were buried **under** the snow.
스키를 타는 사람들이 눈 속에 파묻혔다.

❷ beneath: (표면에 접촉해서) 아래에, 밑에

Jo enjoyed feeling the warm sand **beneath** her feet.
조는 발 아래 모래의 따뜻함을 느끼는 걸 좋아했다.

He was standing on the bridge looking at the river **beneath**.
그는 다리 위에 서서 아래 강물을 내려다보았다.

❸ up / down

• up: (위로 올라가는 방향, 이동을 나타내어) 위로

My friend William was climbing **up** the mountain.
내 친구 윌리엄은 등산을 하고 있었다.

Tim had climbed **up** a tree to get a better view.
팀은 더 잘 보기 위해 나무에 올라갔다.

• down: (아래로 내려가는 방향, 이동을 나타내어) 아래로

Kelly was running **down** the stairs.
켈리는 계단을 뛰어 내려오고 있었다.

Tears were streaming **down** my face.
눈물이 내 얼굴을 타고 아래로 흘러내리고 있었다.

❹ above / below

• above: (비스듬히, 막연하게) 위에

There is a waterfall **above** the bridge.
다리 위에 폭포가 있었다.

The bird flew **above** the ocean.
새가 바다 위를 날아다녔다.

• below: (비스듬히, 막연하게) 아래에

The hairdresser's office is **below** ours.
그 미용실은 우리 사무실 아래에 있다.

We sailed **below** the bridge for two hours.
우리는 2시간 동안 다리 아래에서 항해했다.

✚ 통과

❶ along: (강, 거리 등의 긴 것을) 따라서

The trees are planted **along** the street.
나무들이 도로를 따라 심겨 있다.

❷ across: (길, 강, 바다를) 가로질러

They ran straight **across** the road.
그들은 도로를 뛰어서 곧장 가로질러 갔다.

❸ through: (선, 면을) 통과·관통하여

They were suddenly plunged into darkness as the train went **through** a tunnel.
열차가 터널을 통과하면서 그들은 갑자기 암흑 속에 내던져졌다.

Exercise 5

다음 괄호 안의 표현 중 어법상 알맞은 것을 고르세요.

1　I got off (on / in / at) the wrong station.

2　Flies can walk (on / beneath / under) the ceiling.

3　We will arrive (at / on / to) the hotel (by / for / in) six o'clock.

4　There were cheering crowds all (along / in) Pennsylvania Avenue.

5　They live (in / at) 18 Victoria Street.

6　Does this train stop (at / on) Preston station?

7　Leave your things (on / beneath) the table over there.

8　People were sunbathing (over / on) the grass.

9　Liz and her friend sat down (beneath / at) a corner table.

10　The little girl was sitting (in / on) her father's shoulders.

✚ 시간

❶ at: 시각(몇 시, 몇 분, 몇 초), 시점, (하루의) 정오, 밤, 새벽

All classes finish **at** noon today.
모든 수업이 오늘은 정오에 끝난다.

Our restaurant closes **at** seven o'clock.
우리 식당은 7시에 문을 닫는다.

❷ in: 연도, 계절, 달, 세기, 하루의 일부

In December, I usually come down with a cold.
12월에 나는 보통 감기에 걸린다.

I like going for a walk **in** the afternoon.
나는 오후에 산책 가는 것을 좋아한다.

❸ on: 요일, 날짜, 특정한 시간

We decided to go on a picnic **on** a Saturday afternoon.
우리는 토요일 오후에 소풍을 가기로 결정했다.

I found him **on** the morning of May 16.
나는 5월 16일 아침에 그를 발견했다.

✚ 기간

❶ by/until

• by: (어느 시점까지의) 동작의 완료
It will be finished **by** the end of the year.
그 일은 연말까지 완료될 것이다.

• until / till: (어느 시점까지의) 동작 · 상태의 계속
Stay here **until** the end of next month.
다음 달 말까지 여기에 머물러라.

❷ for/during

• for: 막연한 기간 〈for + 수사 + 기간 명사〉
The manager is going to stay with me **for** ten days.
메니저가 열흘 동안 나랑 함께 머물 것이다.

• during: 특정 기간 〈during the + 명사〉

I always take a part-time job **during** the summer vacation.
나는 여름방학에는 항상 아르바이트를 한다.

❸ **through**: 전체 기간(~까지 죽, 내내)

The thunder lasted **through** the night.
천둥소리가 밤새도록 울렸다.

✚ 시점

❶ **since**: ~이래로 줄곧 〈현재완료 + since + 과거 시제〉

Andrew has been sick **since** last Sunday.
앤드류는 지난 일요일부터 아팠다.

❷ **from**: 〈from(~부터) ~ to(~까지)〉 과거 시제에 사용

I lived in Sydney **from** 1996 to 2007.
나는 1996년부터 2007년까지 시드니에서 살았다.

❸ **within**: ~이내에

Within a week you should be back on your feet again.
일주일 이내에 당신은 다시 건강을 회복하실 겁니다.

다음 괄호 안의 표현 중 어법상 알맞은 것을 고르세요.

1   It has been raining (from / since / after) last Sunday.

2   I have been staying here (for / during / since) three months.

3   His son came home (in / on) July 15.

4   I must finish the report (until / by) tomorrow.

5   We stayed in Busan (for / during) the vacation.

6   I want to stop by your office (at / on) Monday.

7   There was full employment (on / in) the 1990s.

8   She has been working with me (in / since) May 2006.

9   He was rushed to the hospital (while / during) the night.

10 The plane leaves at 10, so we must be at the airport (until / by) 9 am.

11 I'll come back (from / within) an hour.

12 I've been standing here (for / since) 9 o'clock and the bus hasn't come yet.

🔍 Focus 8 기타 전치사

➕ 관련 · 관계 전치사

❶ on: 연설, 연구, 토론, 논문 등 주로 전문적이고 체계적인 주제 (격식체)

In 1977, an international conference **on** global warming was held in Kyoto, Japan.
1997년, 지구 온난화 관련 국제 회의가 일본 교토에서 개최되었다.

❷ about: 비전문적 · 일상적 내용 (구어체)

She said something **about** leaving town.
그녀는 마을을 떠날 것이라고 말했다.

❸ regardless of / irrespective of: ~에 상관없이

The law requires equal treatment for all, **regardless of** race, religion, or sex.
인종, 종교, 성에 상관없이, 법 앞에 모든 사람은 평등하다.

The course is open to anyone, **irrespective of** age.
그 강좌는 나이에 상관없이 아무나 들을 수 있다.

➕ ~를 제외하고

❶ apart from

He had no money, **apart from** the ten dollars that she had given him.
그녀가 준 10달러를 제외하곤, 그는 돈이 한푼도 없었다.

❷ but: 반드시 no, any, every, each, all이 붙은 명사 다음에만 사용

Wilson could still see nothing **but** the spirals of desert dust.
윌슨은 사막의 모래 소용돌이 이외엔 여전히 아무것도 보이지 않았다.

❸ except: 문장의 첫머리에 위치하는 경우 〈except for+목적어〉 형태로 사용

Except for some minor repairs, the building is in very good condition.
몇 가지 사소한 수리가 필요하다는 것을 제외하면, 그 건물은 아주 상태가 좋았다.

➕ 방법 · 수단 · 도구 전치사

❶ by: ~로, ~함으로써 (수단, 방법)

The president has worked his way up to the top **by** hard work.
대통령은 스스로 열심히 노력해서 최고의 지위까지 올랐다.

Most city workers go to work **by** bus.
대부분의 도시 근로자들은 버스를 타고 출근한다.

❷ in: ~으로 (미술 재료나 언어)

Complete the form **in** black ink.
검은 잉크로 서류를 작성하시오.

She spoke to the manager **in** French.
그녀는 매니저에게 불어로 말했다.

❸ with: ~을 가지고 (도구, 장비)

Chop the onions **with** a sharp knife.
잘 드는 칼로 양파를 썰어라.

What will you buy **with** the money?
그 돈으로 뭘 살 거니?

✚ 재료 전치사

❶ of: 물리적 구성

This special building is built **of** English oak.
이 특수 건물은 영국 참나무로 지어졌다.

❷ from: 제품이 원료로부터 만들어짐

Bread is made **from** flour.
빵은 밀가루로 만들어진다.

❸ into: 원료가 제품으로 만들어짐

Flour is made **into** bread.
밀가루로 빵이 만들어진다.

🔍 Focus 9 전치사에 따라 의미가 바뀌는 표현

✚ 전치사에 따라 의미가 바뀌는 동사구

❶ stand

stand by 지지하다
stand for 상징하다

❷ **come**

come across 우연히 만나다

come by 얻다

❸ **be engaged**

be engaged in ~에 종사하다

be engaged to ~와 약혼하다

➕ **전치사에 따라 의미가 바뀌는 형용사구**

❶ **be tired**

be tired of ~에 싫증나다

be tired from ~로 지치다

❷ **be good**

be good at ~에 능숙하다

be good for ~에 좋다

❸ **be sick**

be sick of ~에 싫증나다

be sick for ~을 그리워하다

➕ **전치사에 따라 의미가 바뀌는 전치사구**

❶ **time**

on time 정각에

behind time 늦게

❷ **schedule**

ahead of schedule 예정보다 빨리

behind schedule 예정보다 늦게

🔍 Focus 10 TEPS에 자주 나오는 전치사 관련 표현

❶ of

be composed of ~로 구성되다(타동사)

be capable of -ing ~할 능력이 있다(= be able to)

rob A of B A에게서 B를 강탈하다

cure A of B A에게서 B(질병 종류)를 고치다

be made of ~로 구성되다(타동사)

consist of ~로 구성되다(자동사)

deprive A of B A에게서 B를 박탈하다

❷ in

be involved in ~에 몰두하다

be used in ~에 사용되다

be interested in ~에 관심을 가지다

hand/turn in 제출하다

be behind in ~에서 밀려 있다

be effective in ~에 효과가 있다

be expert in ~에 전문이다

in a row 연속으로

be located in/at ~에 위치하다

consist in ~에 있다, 존재하다

succeed in 성공하다, 번창하다

get in (자동차에) 타다

be accomplished in ~에 능숙하다

be engaged in ~에 종사하다

be instructed in ~에 정통하다

in charge of ~를 책임지는

❸ to

be known to ~에게 알려져 있다

be vulnerable to ~에 약하다

distribute to+명사 ~에 배급하다, 유통하다

be allergic to+명사 ~에 알레르기가 있다

be used to -ing ~에 익숙해지다

contribute to ~에 공헌하다

be subject to+명사 ~을 당하기 쉽다

be apt to ~하는 경향이 있다

❹ with

be concerned with ~와 관련 있다

be familiar with ~에 익숙하다

combine A with B A를 B와 결합하다

be fed up with ~에 넌덜머리가 나다

be covered with ~로 덮여 있다

be associated with ~와 관련 있다

be equipped with ~을 갖추고 있다

be frank with ~에게 솔직히 말하다

❺ at

at (the) least 적어도

at first hand 직접적으로(= directly)

at once 즉시(= immediately)

at the cost/expense of ~을 희생하고

at (the) most 기껏해야, 많아야

at odds with ~와 사이가 나쁜

at stake/risk 위태로운

❻ by

by all means 반드시(= certainly)

by no means 결코 ~않다

by oneself 혼자 힘으로

by the way 말이 난 김에

by chance 우연히(= accidentally)

by way of ~을 경유로

by stages 차츰, 서서히

by heart 외워서

❼ for

be valued for ~가 귀중히 여겨지다

for a rainy day 만일의 경우에 대비해

for the most part 대부분은

be used for ~로 사용되다

for good 영원히

for the time being 당분간은

❽ on

on a large scale 대규모로

on duty 근무 중의

on hand 수중에 지닌

on purpose 고의로

on account of ~ 때문에

on edge 예민한

on one's own 독립한

on sale 특가 판매하는

❾ out

out of ~의 한계 밖에

out of one's mind 정신이 나간

out of place 잘못 놓인

out of question 확실한

out of necessity 어쩔 수 없이

out of order 고장난

out of the question 불가능한

out of stock 재고가 바닥난

Exercise 7

다음 괄호 안의 표현 중 어법상 알맞은 것을 고르세요.

1 Flour is made (of / into) bread.

2 I have eaten nothing (for / since) yesterday.

3 Maeng-gu goes to school (in / by) bus every morning.

4 The automobile was running (by / at) full speed.

5 This university is built (from / of) bricks.

6 Only 10% of American adults engage (to / in) regular exercise.

7 Generally, our economy is (in / at) stake.

8 Babies are vulnerable (to / with) diseases.

9 You'll need to save it (for / to) a rainy day.

10 You did this (on / by) purpose, didn't you?

Actual Test

Part I   **Choose the best answer for the blank.**

1   A: I believe you haven't forgotten the very first day we met.
    B: Are you kidding? It was _________________ a beautiful Sunday morning at the park.

    (a) in   (b) to
    (c) for   (d) on

2   A: What do you think of the new dish washer?
    B: I like the design but I don't like _________________.

    (a) it is highly priced   (b) high price it
    (c) its high price   (d) it is priced high

3   A: Is it true that you flew all the way to St. Petersburg?
    B: Not entirely. We had to travel _________________ sometimes.

    (a) with car   (b) by a car
    (c) in car   (d) by car

4   A: Somebody's been calling you _________________ your absence.
    B: Really? When?

    (a) as   (b) for
    (c) during   (d) when

Part II   Choose the best answer for the blank.

5   The parts used for the watch are _______________ to be manually assembled.

  (a) small too   (b) enough small

  (c) too small   (d) small enough

6   We have to head _______________ from here to catch up with them.

  (a) south   (b) to south

  (c) southern   (d) for south

7   My granny died of lung cancer _______________ everybody's effort to sustain her life.

  (a) in spite of   (b) despite of

  (c) nevertheless   (d) even though

8   The President Teddy Tempest was born _______________ a rich family running a giant oil company.

  (a) with   (b) as

  (c) into   (d) by

9   What garlic does in our body ranges from increasing our energy level to _______________ some cancer tissues.

  (a) destroy   (b) destroying

  (c) destructive   (d) destruction

10 This year house prices in India went up _______________ 0.98% compared to last year.

  (a) at   (b) beside

  (c) by   (d) off

Actual Test

11 The summit was going to be held _________________ Beijing initially but has been canceled for some reason.

   (a) at   (b) in

   (c) by   (d) to

12 Chris was born _________________ Manchester _________________ 4:15 _________________ July 27, 1977.

   (a) on - at - in   (b) in - at - on

   (c) in - at - at   (d) in - on - on

13 My uncle passed away suddenly _________________ the winter of 2006, following the death of his wife.

   (a) at   (b) on

   (c) in   (d) since

14 It would be nice to have an extra bathroom _________________ second floor.

   (a) with the   (b) on the

   (c) of the   (d) to the

15 Sunburn is potentially dangerous because it could sometimes develop _________________ skin cancer.

   (a) for   (b) in

   (c) on   (d) into

16 _________________ the company's rigorous policy, the personal use of the Internet at work has increased.

   (a) Even though   (b) In spite

   (c) Despite   (d) While

17 An unknown type of virus has spread _______________ South America, taking the lives of 17 people.

(a) since

(b) to

(c) between

(d) across

Part III Identify the option that contains an awkward expression or an error in grammar.

18 (a) A: Do you also carry this shirt in red?

(b) B: Certainly. Does it fit alright by the way?

(c) A: It does. I'll buy it.

(d) B: Will you pay by cash or credit card?

19 (a) A: Boss says he had his wallet lifted at the food court at last night.

(b) B: You must be joking. Tell me more.

(c) A: He left his jacket on the table and went to get his food. When he got back, the wallet was gone.

(d) B: He must be very upset.

20 (a) A: This is the photo taken in the restaurant when I was working as a manager.

(b) B: Let me see. I can't find you. Are you sure you're on it?

(c) A: I'm behind a man with glasses on.

(d) B: I can't believe it's you. You were so slim!

Chapter 03

대명사와 비교급

 **Focus 1** 대명사의 종류와 기본 유의 사항

➕ 대명사의 종류

• 인칭대명사(Personal Pronoun)	I, you, he, she, they, we
• 재귀대명사(Reflexive Pronoun)	myself, yourself, himself, herself
• 소유대명사(Possessive Pronoun)	mine, yours, his, hers
• 지시대명사(Demonstrative Pronoun)	this, that, these, those
• 부정대명사(Indefinite Pronoun)	some, any, another, other
• 의문대명사(Interrogative Pronoun)	who, what, which
• 관계대명사(Relative Pronoun)	who, which, that, what

❶ 대명사 문제 풀이 시 대명사가 앞에 나온 명사를 받는 경우는

– 수(단수/복수)

– 성(남성/여성/중성)

– 격(주격/소유격/목적격)의 사용에 유의해야 하며 특히 인칭대명사의 격 문제는 비교적 자주 출제되므로 각별히 유의한다.

❷ 문제 중 대명사가 나오면 이 대명사는 무엇을 받고 있는지, 무슨 용법으로 사용되었는지를 확인한다.

🔍 Focus 2 지시대명사 it

➕ 앞에 언급된 무언가를 받는다.

❶ 단어, 구를 받는 경우

Look at the bird. **It** always comes to my window.
저 새를 봐. 그것은 항상 나의 창문으로 날아 와.

Nothing happened while I was away, did **it**?
제가 없는 동안 아무 일도 없었죠? 그렇죠?

❷ 절을 받는 경우

Although **it** may sound strange, the diamond is composed of the same material as coal and soot.
이상하게 들릴지는 모르지만, 다이아몬드는 석탄과 숯과 동일한 물질로 구성되어 있다.

When you hit your child without appropriate reason, **it** will eventually make a gap between you and him.
합당한 이유 없이 자녀를 때리면, 당신과 당신 자녀 사이가 결국 멀어질 것이다.

➕ 가주어, 가목적어로 쓰인다.

It is certain that we have a long way to go.
우리가 아직 가야 할 길이 멀다는 사실은 분명하다.

By the 1960s, **it** was becoming more acceptable for women to work in management.
1960년대 무렵, 여성이 관리직에 종사하는 것이 점점 용인되고 있었다.

It is doubtful whether the patient will survive the operation.
환자가 수술을 받고 살아날 것인지 의심스럽다.

I found **it** useless to even try and make sense of all their political discussions.
그들의 모든 정치토론들을 이해하려고 애쓰는 것조차 쓸데없는 거라는 사실을 깨달았다.

➕ It ~ that 강조구문

강조하고자 하는 대상을 It과 접속사 that 사이에 위치시키면 강조구문이 된다.

It is Mom **that** has received the most admiration and affection in our family.
우리 가족 중에서 가장 많은 찬사와 애정을 받은 사람은 바로 엄마였다.

It is these days **that** the children's health is at risk.
아이들의 건강이 위험에 처한 시기는 바로 요즘음이다.

다음 괄호 안의 표현 중 어법상 알맞은 것을 고르세요.

1 Your dress is much prettier than (I / my / mine).

2 I don't have a computer, but Tom has (one / it / some).

3 I prefer a white dog to a black (it / one).

4 It was the secretary (which / that) sent the report yesterday.

5 Mr. Kim bought a charming house for his wife and (him / himself).

6 My daughter is grown and does her homework (by her own / on her own).

7 The Johns will invite (you, your wife and me / your wife, you and me).

8 (It / One) takes about six months for a person to master the techniques of typing.

9 This is what (you, your son and I / I, you and your son) am certainly convinced of.

10 (We, you and they / You, we and they) all want peace.

다음 중 빈칸에 들어갈 알맞은 말을 고르세요.

11 It was Jack ________________ was the biggest shareholder of our firm last year.

(a) he

(b) who

(c) one

(d) whom

Focus 3 지시대명사 this, that

➕ 기본 용법

This is your chance to show what you're made of.
이것은 당신이 어떤 사람인지 보여줄 기회이다.

I don't do much exercise **these** days.
나는 요즘 별로 운동을 하지 않는다.

Those houses were built about twenty years ago.
저 집들은 약 20년 전에 지어졌다.

Not much was known about the dangers of smoking in **those** days.
그 당시에는 흡연의 위험들에 대해 거의 알려진 것이 없었다.

➕ that/those의 반복적 용법

The climate of Florida is like **that** of Hawaii.
플로리다의 기후는 하와이의 기후와 비슷하다.

The ears of a rabbit are much longer than **those** of a wolf.
토끼의 귀는 늑대의 귀보다 훨씬 길다.

Focus 4 부정대명사 one

➕ 기본 용법

❶ 사람이나 사물을 막연하게 나타낸다.

A: Do you know any teacher who is very fluent in Italian?

B: Sure, I know **one** in Lincoln high school.
A: 이태리어를 아주 유창하게 하는 선생을 누구 알고 있어요?
B: 그럼요, 링컨 고등학교에 아는 분이 있어요.

❷ 앞에 나온 명사의 반복을 피한다.

It's a good book, but Stephen King's last **one** was better.
그건 좋은 책이지만, 스티븐 킹의 지난번 책이 더 좋았어.

🟦 대명사 **one**의 생략

❶ 물질명사 다음의 **one**은 생략한다.

I like red wine better than **white**.
나는 백포도주보다는 적포도주를 더 좋아한다.

❷ 일반적으로 소유격 다음에는 **one**을 쓰지 않으며, 〈소유격 + one〉의 형태가 와야 하는 경우엔 소유대명사가 그 자리를 대신한다.

My watch is smaller than **hers**.
내 시계는 그녀의 것보다 더 작다.

🟦 **one**과 **it**의 구별

I have lost a pen. I must buy **one**. → 일반적인 펜
나는 펜을 하나 잃어버렸다. 펜 하나를 사야 한다.

I bought the pen, and I have now lost **it**. → 내가 산 바로 그 펜
나는 펜을 샀는데, 지금 그 펜을 잃어버렸다.

A: Do you have the files?
B: Yes, I have **them**.
A: 그 파일들 가지고 있나요?
B: 예, 있습니다.

🔍 Focus 5 기타 부정대명사

🟦 some / any

대명사와 한정사(형용사)로서 any는 some과 같은 의미이며, 원칙적으로 의문문, 조건문(if절)에 사용한다. 가산명사와 불가산명사에 모두 사용된다.

Some of the guests are married, and **some** (of them) are single. (평서문)
그 손님들 중에 몇 분은 결혼했고, 일부 미혼이다.

If you break **any** of these glasses, I'll spank you. (조건문)
이 유리잔들 하나라도 깬다면, 네 엉덩이를 때려줄 거야.

Is there **any** common ground between the parties? (의문문)
당사자들 간에 어떤 공통점이 있습니까?

cf. 예외적으로 some을 쓰는 경우

Could you give me **some** milk, please? 우유 좀 주시겠어요?

✚ **one/the other/another/others/the others**

One of her parents is from England, **the other** is from Sweden.
그녀의 부모님 중 한 분은 영국인이고, 다른 한 분은 스웨덴 사람이다.

You've finished your coffee. Have **another**.
커피를 다 드셨군요. 한잔 더 드세요.

Some employees have achieved great success in some areas, but **others** still do not know what they need to do.
일부 직원들은 몇몇 부문에서 큰 성공을 거두었지만, 어떤 직원들은 여전히 자신들이 뭘 해야 하는지도 모르고 있다.

I intend to sit back and let **the others** do all the work.
나는 가만히 앉아서 다른 사람들이 모든 일을 하도록 할 생각이다.

Exercise 2

다음 괄호 안의 표현중 어법상 알맞은 것을 고르세요.

1 (Every / Each) received his own blanket and went to the designated room.

2 A: How much are these shirts?
   B: They are 5 dollars (every / each).

3 I have two brothers. One is an engineer and (the other / another) is a salesman.

4 How far is (it / there) from here to the bank?

5 I found (myself / me) lying in front of the shop.

6 She was (for / beside) herself when she heard about her friend's death.

7 The entire area of USA is larger than (this / that) of Brazil.

8 There is (nothing / no one) else as funny as he is.

9 The population of Seoul is larger than (one / it / that) of Brisbane.

10 Is there (any / some) wine left in the bottle?

다음 중 빈칸에 들어갈 알맞은 말을 고르세요.

11 A: What do you think is the difference between the Japanese and Korean languages?
B: First, the pronunciation of Japanese is simple compared with
_______________ of Korean.

(a) this
(b) that
(c) so
(d) those

12 A: Could I have _______________ more orange juice?
B: Yes, of course.

(a) no
(b) any
(c) some
(d) another

13 A: Don't marry Nick. He is _______________.
B: Don't worry. I won't marry him.

(a) somebody
(b) nobody
(c) anybody
(d) everybody

14 A: The sticky date pudding was absolutely wonderful.
B: I shouldn't have told you that. There _______________ left!

(a) is none
(b) is no one
(c) is anything
(d) are none

✚ **기본 구문: as + 형용사 · 부사의 원급 + as**

The history of war is **as** old **as** that of humans.
전쟁의 역사는 인간의 역사만큼 오래되었다.

This job is not **as** easy **as** it first appeared.
이 일은 처음에 보였던 것처럼 쉽지가 않다.

I wonder why a one-way ticket for a cable car ride is just **as** expensive **as** a round-trip ticket.
나는 케이블카 이용 편도티켓이 왕복티켓만큼 비싼 이유가 궁금하다.

✚ **관용표현**

❶ 어느 ~ 못지않게 …한

• as ~ as any + 명사

He is **as** bright **as any** boy in his class.
그는 같은 반의 어느 소년 못지않게 똑똑하다.

• as ~ as ever + (과거) 동사

James is **as** great a scientist **as ever** lived.
제임스는 역대 어느 과학자 못지않게 훌륭한 과학자이다.

❷ A라기보다는 오히려 B이다

• not so much A as B

He is **not so much** a scholar **as** a writer.
그는 학자라기보다는 작가이다.

• B rather than A

He is a writer **rather than** a scholar.
그는 학자라기보다는 작가이다.

🔍 Focus 7 비교급

➕ **기본 구문: 비교급＋than**

The population of China is larger **than** that of Europe.
중국의 인구는 유럽의 인구보다 많다.

- 비교급 앞에 much, still, even, far, by far 등을 사용하여 비교급을 강조한다.
  She looks **much** prettier with long hair than with short hair.
  그녀는 짧은 머리보다는 긴 머리일 때 훨씬 예뻐 보인다.

➕ **관용표현**

❶ the＋비교급, the ＋비교급: ~하면 할수록 더욱 …하다

The higher prices rose, **the** more money the workers asked for.
물가가 더 올라가면 갈수록, 노동자들은 더 많은 돈을 요구했다.

❷ 비교급＋than any other＋단수 명사: 가장 ~한

Charles is richer **than any other** man in town.
찰스는 마을의 다른 어떤 남자보다도 부자이다.

❸ 라틴어로부터 온 형용사의 비교급

superior/inferior, senior/junior, anterior/posterior, exterior/interior

He is two years **senior to** me.
= He is two years **older than** I am.
그는 나보다 2살 연상이다. = 그는 나보다 2살 더 많다.

Exercise 3

1 She's old, but she's not so old (as / than) her husband is.

2 Our apartment is three times (taller / tall) than this one.

3 Olga is prettier than any other (girl / girls) in my hometown.

4 He is (very cleverer / much cleverer) than his elder brother.

5 I am superior to (he / him) in English.

6 This is (much / very) bigger than that.

7 Nothing is more pleasant (than / as) traveling in the world.

8 The higher we climb, (the coldest / the colder) it becomes.

9 (Anybody / Nobody) in this class is so bright as me.

10 As always, Mary was the (late / last) to arrive.

11 On average, white collars still earn (more / much) than blue collars.

12 The pain in my side is (worse / more bad) than it was yesterday.

➕ **기본 구문: the＋최상급＋명사**

What was **the most embarrassing** moment in your life?
네 인생에서 가장 당황스러웠던 순간이 언제였니?

This is **the tallest** building in the city.
이것이 그 도시에서 가장 큰 빌딩이다.

➕ **최상급의 다양한 형태**

Chan-ho is **the kindest** boy in the class.
찬호는 반에서 가장 친절한 소년이다.

= **No other** boy in the class is **so kind as** Chan-ho.
반에서 찬호만큼 친절한 소년은 없다.

= Chan-ho is **kinder than any other** boy in the class.
찬호는 반에서 다른 어떤 소년보다 친절하다.

= Chan-ho is **kinder than all the other** boys in the class.
찬호는 반에서 다른 모든 소년들보다 친절하다.

➕ **최상급의 강조**

최상급을 강조할 때는 much, by far, the very 등을 사용하며 '단연코' 정도로 해석할 수 있다.

This is **by far** the most valuable painting in the collection.
이것은 소장품 중에서 단연코 가장 귀중한 그림이다.

Exercise 4

다음 중 틀린 부분을 바르게 고치세요.

1 Mary had the worst case of measles in all the children.

2 Of all the children, John had least difficulty figuring out the puzzle.

3 Jane is the most gorgeous girl that I ever saw.

4 The Himalayas in Central Asia are the most highest mountains in the globe.

5 Just because you're old than me, it doesn't mean you can tell me what to do.

6 On the Earth, gravity is noticeably weak on a mountaintop than in a valley.

7 The larger the national debt, larger the interest payment due on it.

8 William is nicer than any other students in this university.

9 Don't say that our custom is inferior than those of neighboring countries.

10 When it comes to running, Michael Johnson is very the fastest runner.

다음 중 빈칸에 들어갈 알맞은 말을 고르세요.

11 A: When shall I go to see you?
B: I want you to come over here ______________.

(a) as quickly as I can   (b) as possible as quickly
(c) as quickly as possible   (d) as possible as you can

12 A: How do you feel about Mac's newly released movie?
B: It was ______________.

(a) more better than I imagined   (b) better than I imagined
(c) the best as I imagined   (d) as best as I imagined

✚ 비교 구문에서 비교 대상은 문법상 같은 역할을 하는 것끼리 대구가 되어야 한다.

Swimming is a more strenuous daily exercise than to walk. (×)
수영은 걷기보다 보다 격렬한 운동이다.

The giraffe's neck has the same number of vertebrae as a human being. (×)
기린의 목은 인간과 똑같은 수의 척추골을 가지고 있다.

✚ 비교급에서 반복되는 명사를 대신하는 대명사는 **that**과 **those**이다.

The brain of a child is not much bigger than **that** of a chimpanzee.
(= the brain)

아이의 두뇌는 침팬지의 두뇌보다 훨씬 더 큰 것은 아니다.

It is said that the immigrants of Florida are not the same folk as **those** of New York.
(= the immigrants)

플로리다의 이민자들이 뉴욕의 이민자들과 동일한 사람들이 아니라고 한다.

✚ 관용어구 암기는 필수!

at (the) most 많아야	at least 적어도
at (the) best 기껏해야	at first 처음에는
do one's best 최선을 다하다	to the last 최후까지
for the most part 대부분	at (the) latest 늦어도
at one's best 가장 좋은 상태에	to the best of one's knowledge ~가 아는 한에 있어서는
make the most of ~을 최대한 이용하다	leave nothing to be desired 더할 나위 없다
leave much to be desired 매우 아쉽다	couldn't be better 더할 나위 없이 좋다
couldn't be worse 매우 좋지 않다	sooner or later 조만간
as much as (양) ~만큼	as many as (수) ~만큼

✚ 헷갈리는 **more**와 **less**

❶ no more than + 수사: 단지(= only)

She has **no more than** ten dollars. 그녀는 10달러밖에 없다.

❷ **no less than+수사: ～만큼이나(= as many/much as)**

She has **no less than** ten dollars.
그녀는 10달러나 갖고 있다.

❸ **A is not more ～ than B: 기껏해야 ～인(= at most)**

He is **not more** handsome **than** his younger brother.
그는 (멋지다 하더라도) 기껏해야 그의 동생만큼 잘생겼다.

❹ **A is not less ～ than B: 적어도 ～인(= at least)**

He is **not less** handsome **than** his younger brother.
그는 (적어도) 그의 동생만큼 또는 그 이상으로 잘생겼다.

Actual Test

Part I   **Choose the best answer for the blank.**

1   A: What do you think of my new school bag?
B: It looks like my sister's. It would be almost impossible to tell one from
_______________.

(a) other   (b) another
(c) the other   (d) the others

2   A: I haven't felt ashamed like this before.
B: _______________.

(a) Either did I.   (b) Either I have.
(c) Neither have I.   (d) Neither I have.

3   A: Did you sort out your financial problem?
B: No, but I try to be _______________ as ever.

(a) positively   (b) as positive
(c) more positive   (d) most positive

4   A: Beautiful Ones is one of the best songs _______________.
B: Is it? I don't like the voice of the singer.

(a) I ever hear   (b) I would ever hear
(c) I've ever heard   (d) I've never heard

5   A: You really need a good coach to be a better golf player.
B: Good. But it's _______________ a career as a free time activity.

(a) not only   (b) quite a few
(c) not so much   (d) only a little

6 A: Just let me know if you have ________________ question to ask about our
courses.

B: Can I drop it if I have to?

(a) no   (b) some

(c) any   (d) other

7 A: I can't believe whatever Phil says to me.

B: That's true. He is ________________ convincing.

(a) far from   (b) next to

(c) free from   (d) except for

8 A: I should've known better. I've lost almost all my money I invested in Hitechs.

B: I told you ________________. You've learned a lesson.

(a) such   (b) one

(c) some   (d) so

9 A: What do you think of Bob's decision to marry Lucy?

B: I don't know. The decision is utterly ________________.

(a) him   (b) his

(c) himself   (d) he

10 A: I hate to tell you ________________ but I think I have to.

B: Oh, no! Don't tell me she has a boyfriend.

(a) it   (b) what

(c) this   (d) that

Actual Test

11 It was one of our colleagues _________________ on the unlawful contract.

    (a) got on TV and who blew the whistle
    (b) whom got on TV blew the whistle
    (c) who got on TV and blew the whistle
    (d) blew on TV and who got

12 Some 150 people had to wait outside in the rain, while tens of _________________ entered the concert hall first.

    (a) another   (b) other
    (c) the other   (d) others

13 Because dictionaries have _________________ pages in them than average books, each page needs to be made thin.

    (a) very more   (b) more much
    (c) much more   (d) more many

14 Ian Gallen is three times _________________ my son.

    (a) older as   (b) as older than
    (c) as old as   (d) as older as

15 The number of drinking places in Seoul has increased by 0.4% this year, far greater than _________________ for the last couple of years.

    (a) educational facilities   (b) that of educational facilities
    (c) of educational facilities   (d) those of educational facilities

16 It was not until the 1970's _________________ most women in the world started to have a right to vote.

    (a) while   (b) so
    (c) such   (d) that

17 It's such a complicated question that nobody can solve it, and of course I can't

_______________.

   (a) either   (b) neither

   (c) so   (d) too

18 _______________ of the questions needs to be answered in readable handwriting.

   (a) Every   (b) Each

   (c) All   (d) Some

Part III   Identify the option that contains an awkward expression or an error in grammar.

19 (a) A: Why didn't Jim's housewarming party take place?
     (b) B: Well, any of us could make it this Friday.
     (c) A: So, did Jim pick another day?
     (d) B: Yeah, it's going to be next Friday.

Part IV   Identify the option that contains an awkward expression or an error in grammar.

20 (a) The difference in learning English between the USA and Korea is significant. (b) In Korea, there is not enough speaking time given to the students. Too much time is spent on reading and grammar, that leads to inability to speak fluently. (c) In America, however, learners are asked to actively participate in conversations in English. (d) The opportunity to speak English seems to be limited to classrooms in Korea, whereas there is plenty of chance in the USA to practice your English verbally.

Chapter 04 준동사

 **Focus 1** to 부정사의 용법

술어 동사가 아니면서 술어 동사처럼 목적어나 보어를 취하거나 부사의 수식을 받을 수 있으며 완료형, 수동형도 만들 수 있는 등 동사에 '준' 하는 특성을 갖는 준동사에는 to부정사, 동명사, 분사가 있다. 부정사는 명사적·형용사적·부사적 용법, 동명사는 명사 용법, 분사는 형용사적인 용법을 가지고 문장을 표현한다.

✚ to부정사의 명사 역할

❶ 주어

To master English is a priority for all students in South Korea.
영어를 정복하는 것은 한국의 모든 학생들의 우선 과제이다.

❷ 목적어

I found it easy **to make** high school students realize the importance of getting into university.
나는 고등학생들로 하여금 대학 입학의 중요성을 깨닫게 하는 것이 쉽다는 걸 알게 되었다.

❸ 보어

The best way to stay healthy is **to avoid** overeating and to exercise more.
건강을 유지하기 위한 가장 좋은 방법은 과식을 피하고 운동을 늘리는 것이다.

❹ 〈의문사 + to부정사〉가 주어, 목적어, 보어 역할을 한다.

Where to stay is a common dilemma for many travelers who are planning a long journey.
어디에서 묵을 것인가는 장기 여행을 계획 중인 많은 여행자들에게 있어 공통의 고민거리이다.

I don't know **what to do** when my mom is so depressed like today.
엄마가 오늘처럼 그렇게 우울해 하실 땐 어떻게 해야 할지 모르겠다.

➕ to부정사의 형용사 역할

❶ 앞에 나온 명사를 뒤에서 수식

Neil Armstrong was the first man **to step** on the surface of the moon.
암스트롱은 달에 발을 내디딘 최초의 사람이다.

❷ be to 용법: ⟨be+to+동사원형⟩

• 예정(~하기로 되어 있다)

The CEO of WINTEL **is to** visit Harvard University in December.
윈텔 사의 사장이 12월에 하버드 대학을 방문할 예정이다.

• 의무(~해야 한다)

You are **to finish** it for homework if you do not finish it in class.
그것을 수업시간에 끝내지 못하면 숙제로 끝내야 한다.

Exercise 1

다음 문장에 쓰인 부정사의 기능이 같은 것끼리 연결하세요.

1 It is not easy to read his book.　　(a) Melissa decided to specialize in German.

2 I want to go to Singapore this year.　(b) Our group is to start tomorrow.

3 My aim is to be a pastor.　　(c) It will be wonderful to do that work.

4 We are to meet at 10:00.　　(d) My ambition is to make my own building.

다음 중 빈칸에 들어갈 알맞은 말을 고르세요.

5 When she gave the officer a bribe, he refused ______________ it.

(a) accept　　　　　　　　(b) to accept
(c) to have accepted　　　　(d) accepting

✚ 단순 부정사 〈to＋동사원형〉

본동사와 시제가 같거나 한 시제 더 미래를 나타낸다.

I don't believe the statesman **to be** honest.
(= I don't believe that statesman is honest.)
나는 그 정치인이 정직하다고 생각하지 않는다.

My mom expects me **to succeed**.
(= My mom expects that I will succeed.)
엄마는 내가 성공할 거라 기대하신다.

✚ 완료 부정사 〈to＋have＋p.p.〉

본동사의 시제보다 한 시제 앞선 과거를 나타낸다.

Sam seems **to have been** ill.
(= It seems that Sam was [has been] ill.)
샘은 아팠던 것처럼 보인다.

Olga seemed **to have been** ill.
(= It seemed that Olga had been ill.)
올가는 아팠던 것처럼 보였다.

Focus 3 to부정사의 의미상 주어

✚ 대부분 〈for＋목적격〉으로 표시한다.

It is impossible **for** science to prove that God does not exist.
하나님이 존재하지 않는 다는 걸 과학이 증명하는 것은 불가능하다.

It takes about an hour **for** me to come to campus.
내가 캠퍼스에 오는데 약 한 시간 정도 걸린다.

➕ 〈of＋목적격〉으로 표시하는 경우

kind, nice, generous, honest, careless, foolish, mean, sensible처럼 사람의 행위를 칭찬하거나 비난하는 성질 형용사 뒤에는 〈of＋목적격〉 형태를 쓴다.

It is very kind **of** you to give me a hand with my homework.
숙제 도와줘서 정말 고마워.

🔍 Focus 4 to부정사를 취하는 동사

➕ to부정사를 목적어로 취하는 동사

ask, decide, expect, hope, learn, mean, offer, plan, promise, want, refuse, wish, agree, choose, pretend

A: What's your New Year's resolution?
B: I **decided to** learn how to make my own homepage.
A: 새해 결심이 뭐니?
B: 홈페이지 만드는 법을 배우기로 결심했어.

➕ to부정사를 목적격 보어로 취하는 동사

enable, force, cause, compel, order, allow, ask, encourage, persuade, want, get, permit, require, expect, urge, believe, invite, tell

A pair of gunmen kidnapped a motorist and **forced** him **to** drive to a secluded area.
총을 든 2명의 남자가 한 운전자를 납치해서 인적이 드문 지역으로 차를 운전하도록 했다.

A: What time do you **want** me **to** pick you up?
B: Well, how about 6:30?
A: 몇 시에 차를 태워드릴까요?
B: 음, 6시 30분이 어때요?

be + 형용사 + to 동사원형

be able to 동사원형 ~할 수 있다

be liable to 동사원형 ~하기 쉽다(= be likely/apt to 동사원형)

be sure/certain to 동사원형 확실히 ~하다

be glad/willing to 동사원형 기꺼이 ~하다

be ready to 동사원형 ~할 준비가 되다

be pleased to 동사원형 ~하게 되어 기쁘다

be reluctant to 동사원형 ~하기 꺼려하다

be due to 동사원형 ~할 예정이다

be worthy to 동사원형 ~할 가치가 있다

기타

❶ 형용사 + enough + to 동사원형: ~할 만큼 충분히 …하다

The mayor of Seoul emphasizes that the tap water is safe **enough to** drink.
서울 시장은 수돗물이 마시기에 충분히 안전하다고 강조했다.

❷ too + 형용사 + to 동사원형: 너무 ~해서 …할 수 없다

An AIDS patient's immune system is **too** weak **to** fight off infections and diseases.
에이즈 환자의 면역체계는 너무 약해서 감염과 질병을 퇴치할 수 없다.

Exercise 2

다음 괄호 안의 표현 중 어법상 알맞은 것을 고르세요.

1 It was very kind (for / of) him to help us.

2 It will be easy (for / of) him to pass the examination.

3 It wasn't necessary (for / of) him to pay for breaking the window.

4 It was honest (for / of) him to admit his fault.

5 He is (old enough / enough old) to go to school.

6 This water is (too hot / hot too) to drink.

7 James is so (strong / strongly) that he can lift many things.

8 Johnson was so tired that he (couldn't / could) finish up the project.

9 Maddox was reluctant (talking / to talk) about it.

10 You're more liable (to injury / injuring) when you don't get regular exercise.

다음 중 빈칸에 들어갈 알맞은 말을 고르세요.

11 A: Luke! What did you hear last night?
B: Well, I seem ________________ two people fighting outside.

(a) hear   (b) to hear
(c) have heard   (d) to have heard

12 A: Oh, I have to board the train now. It's time to say good-bye.
B: Bye. Have a nice trip, and don't forget ______________ hello to your parents
   for me.

(a) saying   (b) having said
(c) to have said   (d) to say

✚ 명사 역할을 하는 동명사

❶ 주어 역할

Smoking causes cancer, heart disease and chronic lung disease.
흡연은 암, 심장 질환, 만성적인 폐 질환을 유발한다.

❷ 보어 역할

What I like is **playing** computer games during leasure time.
내가 좋아하는 것은 여가시간에 컴퓨터 게임을 하는 것이다.

❸ 목적어 역할

There are many people who enjoy **chatting** online regardless of their age.
연령에 상관없이, 온라인 채팅을 즐기는 사람들이 많다.

✚ 현재분사 *vs.* 동명사

❶ 현재분사는 수식하는 명사의 성질이나 상태를 나타낸다.

We all know that nothing is more beautiful than a **sleeping** baby.
우리 모두는 잠자고 있는 아기보다 더 아름다운 것은 없다는 걸 알고 있다.

❷ 동명사는 수식하는 명사의 용도나 목적을 나타낸다.

Our team couldn't buy tickets for a **sleeping** car because they were sold out.
우리 팀은 침대칸 열차 티켓이 매진되어서 구입할 수 없었다.

✚ 동명사의 시제

❶ 단순 동명사 〈-ing〉

• 주절과 같은 시제
Rachel is proud of **being** famous.
(= Rachel is proud that she is famous.)
레이첼은 유명하다는 걸 자랑스럽게 생각한다.

❷ 완료 동명사 〈having + p.p.〉

• 주절의 시제보다 앞선 시제

Rachel was proud of **having been** famous.

(= Rachel was proud that she had been famous.)

레이첼은 한 때 유명했었다는 걸 자랑스럽게 여겼다.

Exercise 3

주어진 단어를 어법에 맞게 변형하여 문장을 완성하세요.

1 Melinda insisted on (we do) the work.

2 There is no (know) what will happen in the future.

3 He is used to (live) alone.

4 (Play) golf in South Korea (are) extremely expensive.

5 It is no use (try) to persuade him.

6 I remember (see) her next week.

7 What do you say to (take) a walk?

8 At first I had difficulty (tell) one student from another.

다음 중 빈칸에 들어갈 알맞은 말을 고르세요.

9 John, listen up. _______________ our work properly may be worse than not doing it at all.

(a) Not do   (b) Not done

(c) Not doing   (d) Not being done

✚ 동명사를 목적어로 취하는 동사

recommend, finish, suggest, consider, enjoy, appreciate, avoid, mind, postpone, admit, delay, permit, favor, resist, deny, prohibit, anticipate, practice, imagine, stand, abandon, give up, quit, miss, regret

A: What does your husband usually do on Sundays?
B: He **enjoys** watch**ing** movies and reading books.
A: 일요일마다 남편 분은 주로 뭘 하시나요?
B: 영화 감상과 독서를 즐깁니다.

✚ 동명사와 to부정사를 모두 목적어로 취하는 동사

❶ remember, forget, regret, recall: 동명사는 과거를, to부정사는 미래를 나타낸다.

I **remember** pay**ing** my cell phone bill last week. (과거)
지난주에 핸드폰 요금을 납부한 사실이 기억난다.

I **remember to** take my medicine before going to bed every night. (미래)
매일 밤 자기 전에 약을 먹어야 한다는 걸 기억하고 있다.

❷ like, love, prefer, hate: 동명사는 일반적 의미를, to부정사는 특정한 의미를 나타낸다.

I **like** play**ing** soccer. (일반적 · 습관적 행위)
나는 축구하는 걸 좋아한다.

I **like to** play soccer in summertime. (구체적 · 일시적 행위)
나는 여름에는 축구하는 것을 좋아한다.

❸ try, propose, go on, stop: 뜻에 주의해야 할 동사

I **tried** mak**ing** cheese without salt, but it didn't work. (시험 삼아 ~해 보다)
시험 삼아 소금 없이 치즈를 만들어 보았지만, 실패했다.

I **tried to** learn some Dutch while I was living in Amsterdam. (~하기 위해 노력하다)
암스테르담에 사는 동안 네덜란드어를 배우려고 노력했다.

The mother told her child to **stop** runn**ing** across the street. (~하던 것을 멈추다)
그 어머니는 자신의 아이에게 뛰어서 길을 건너는 것을 그만 하라고 말했다.

Visitors always **stop to** look at the bears. (~하기 위해 멈추다)
방문객들은 항상 곰을 구경하기 위해 멈춘다.

Exercise 4

다음 괄호 안의 표현 중 어법상 알맞은 것을 고르세요.

1 I tried hard (convincing / to convince) Becky, but it was very hard.

2 I have to stop (smoking / to smoke) because when I climb a mountain, I have to stop (catching / to catch) my breath.

3 I don't mind (to help / helping) you clean your room.

4 What are you talking about? I'm tired of (hear / hearing) your excuses.

다음 중 빈칸에 들어갈 알맞은 말을 고르세요.

5 A: Sam, Where are the keys?
　　B: Mom, I remember _______________ the keys by the door, but I can't find them now.

　　(a) to have put　　　　　　　(b) to put
　　(c) putting　　　　　　　　　(d) being put

6 A: I need _______________. Do you have anything?
　　B: Sure, here is a pen.

　　(a) something to write　　　　(b) something with to write
　　(c) something to write on　　 (d) something to write with

✚ to -ing

- be/get accustomed/used to -ing ~에 익숙하다/익숙해지다
- be devoted to -ing ~에 헌신[전념]하다
- be opposed to -ing ~을 반대하다
  = have an objection to -ing ~을 반대하다
  = object to -ing ~을 반대하다
- come close to/near -ing 하마터면 ~할 뻔하다
- fall to -ing ~을 시작하다
- look forward to -ing ~을 기대하다
- resort to -ing ~에 의지하다
- see to -ing ~을 기대하다
- take to -ing ~에 몰두하다
- What do you say to -ing? ~은 어떨까요?

✚ 기타

- There is no -ing (도저히) ~할 수 없다, ~은 불가능하다
- It is no use -ing ~해도 소용없다
- cannot help -ing ~하지 않을 수 없다, ~할 수밖에 없다
- It goes without saying that ~ ~은 말할 필요도 없다
- feel like -ing ~하고 싶은 기분이다
- be worth -ing ~할 만한 가치가 있다
- on/upon -ing ~하자마자, 곧
- spend/waste + 시간 · 돈 + -ing ~하는 데 얼마를 쓰대[얼마의 시간이 걸리다
- be busy (in) -ing ~하느라 바쁘다
- have difficulty/trouble/hard time (in) -ing ~하는 데 어려움을 겪다
- make a point of -ing 꼭 ~하다, ~하는 것을 원칙으로 하다
- not/never ~ without -ing ~하면 반드시 …하다
- be on the point/verge/brink/edge/border of -ing 막 ~하려 하다
- lose no time (in) -ing 지체 없이 ~하다, ~하는 데 지체하지 않다

🔍 Focus 9 분사의 종류와 용법

➕ 분사의 종류

현재분사(-ing)는 '~하는, ~하고 있는' 의 능동·진행의 의미를 가지며, 과거분사(-ed)는 '~된, ~한' 이라는 수동·완료의 의미를 가진다.

➕ 분사의 용법

❶ 한정적 용법: 명사를 앞뒤에서 수식한다.

• 분사가 단독으로 쓰일 때

a mounting pressure
증가하는 압력

experienced instructor
경력 강사

• 분사가 목적어나 보어, 수식어를 동반할 때

a face shining with glory
영광으로 빛나는 얼굴

❷ 서술적 용법: 보어로 쓰일 때

remain **standing** 계속 서 있다

watch her **running** 그녀가 달리는 것을 보다

look **surprised** 놀란 것처럼 보이다

have/get my suit **made** 양복을 만들게 하다

My friend William is quite **exciting**. (주격 보어)
내 친구 윌리엄은 상당히 재미있다.

I saw her **carried** out of the house. (목적격 보어)
나는 그녀가 집 밖으로 실려 나가는 걸 보았다.

Exercise 5

1 I found a letter writing on a sheet of blue paper.

2 The retiring lecturer still works as a part-time teacher.

3 Who is the boy read a newspaper over there?

4 I like scrambled eggs better than boiling eggs.

5 Many people feel bewildering by the speed of technological innovation.

6 I get annoying when people break promises.

7 A number of interested points came up at today's meeting.

8 I saw Mary at the church, stand next to Pastor David Cho.

다음 중 빈칸에 들어갈 알맞은 말을 고르세요.

9 People _______________ the meeting made presentations one by one.

   (a) attend   (b) having attended

   (c) attentive   (d) attending

10 A: Who is that doctor _______________ next to your sister?

    B: That's her husband. She married him last year.

   (a) seating   (b) sitting

   (c) who seated   (d) sat

➕ 분사구문의 개념

부사절을 분사로 시작하는 부사구로 압축하여 간결하게 만든 구문

➕ 분사구문을 만드는 순서

After Catherine returned from Brazil, she spoke Portuguese very well.
캐서린은 브라질로부터 돌아오고 나서, 포르투칼어를 매우 잘했다.

[STEP 1] 종속절의 주어와 주절의 주어가 같으면 종속절의 주어를 지운다.
→ **After returned** from Brazil, she spoke Portuguese very well.

[STEP 2] 주어가 없는 동사를 분사화해야 하는데 능동인지 수동인지의 판단을 잘 해야 한다.
→ **After returning** from Brazil, she spoke Portuguese very well.

[STEP 3] 접속사를 지운다. 분사구문을 강조하기 위해 접속사를 살려두기도 한다.
→ **Returning** from Brazil, she spoke Portuguese very well.

➕ 주절의 주어와 다르더라도 일반 주어(we, they)인 경우 생략: 무인칭 독립 분사구문

Generally speaking, cats are less faithful to humans than dogs.
일반적으로 말해, 고양이는 개보다 인간에게 덜 충실하다.

Strictly speaking, not all sentences native speakers produce are grammatically correct.
엄격히 말해서, 원어민들이 만드는 문장들이 모두 문법적으로 올바른 것은 아니다.

Taking all things into consideration, he was a lucky guy.
모든 것을 고려해 볼 때, 그는 운이 좋은 사람이었다.

Judging from her appearance, she can't be older than 20.
외모로 판단해 볼 때, 그녀는 20살이 넘었을 리가 없다.

➕ 숙어처럼 외워야 하는 분사구문

strictly speaking 엄밀히 말하자면   frankly speaking 솔직히 말하자면
generally speaking 일반적으로 말하면   roughly speaking 대충 말하자면
providing/provide that ~라 가정한다면   granting/granted that ~라 할지라도
taking all things into consideration 모든 것을 고려해 본다면

Exercise 6

다음 문장을 분사구문으로 바꿔 보세요.

1 Because they did not know how to address the issue, they looked at each other.

2 As the baby was frightened by the thunder, the baby began to cry.

3 As there was no bus service, we had to walk all the way to school.

4 Since the weather was fine, lots of people were out for a walk.

5 As he had been warned about the bandits, he left his valuables at home.

6 Although the machine still functioned, we didn't think it was practical to use.

7 Mary didn't leave with the others because she hoped to complete the experiment.

8 Although I live next door, I don't know her.

9 Because I did not know what to do, I asked for his advice.

10 President Jimmy Carter is an admirable man when people consider his age.

다음 중 빈칸에 들어갈 알맞은 말을 고르세요.

11 _______________, he went outside to take a walk.

    (a) Eat his dinner   (b) While he eats his dinner
    (c) After ate his dinner   (d) Having eaten his dinner

12 Class _______________ over, the students flooded into the schoolyard.

    (a) was   (b) has been
    (c) being   (d) had been

Actual Test

Part I   **Choose the best answer for the blank.**

1   A: How small is the organism?
       B: It's _________________ to be seen with the naked eye.

   (a) so small   (b) too small
   (c) small enough   (d) very small

2   A: What do you say to _________________ tomorrow night?
       B: That's not a bad idea. What's on the big screen?

   (a) go to the movies   (b) going to the movies
   (c) have gone to the movies (d) be going to the movies

3   A: How was the weather in New Zealand?
       B: It depends on where you are. It was generally cold _________________ Australia.

   (a) compared to   (b) compare to
   (c) comparison to   (d) comparable to

4   A: Min, are you alright? You look _________________.
       B: Yeah, I am. I have to retake a couple of courses.

   (a) wretch   (b) wretched
   (c) wretchedly   (d) wretchedness

5   A: Don't you think people here drive very carefully?
       B: _________________, I have no idea.

   (a) Never having driven a car   (b) Having driven never a car
   (c) Driven have never a car   (d) Having driven never a car

6 A: Where do I have to go to get my check ________________.

B: Go upstairs and you'll see the bank right in front of you.

(a) changed

(b) to change

(c) change

(d) changing

7 A: What are they doing in the lobby?

B: They are talking ________________ to tonight's party.

(a) whether about going

(b) about whether to go

(c) to whether go about

(d) go to about whether

8 A: Hi, Ralph. I'm planning to go sailing on the weekend. Will you come?

B: I'd love to, but I'll be busy ________________ a lot of reports over the weekend.

(a) write

(b) to write

(c) writing

(d) with writing

9 A: Midterms are just around the corner. I'm not prepared for that at all.

B: You have no choice but ________________ for the few days left then.

(a) to stay up studying

(b) stay up studying

(c) staying up studying

(d) stayed up studying

10 A: Can you come over and help me do my assignments tomorrow?

B: As long as I can finish ________________ by tonight.

(a) fixing my computer

(b) to fix my computer

(c) having fixed my computer

(d) being fixed my computer

Actual Test

11 A: I stopped ________________ because I started to have difficulty breathing.

B: It must have been tough in the beginning.

(a) smoke (b) smoking

(c) to smoke (d) being smoked

12 A: Who is in charge of this department?

B: The woman ________________ out of the window over there.

(a) lean (b) leaning

(c) being leaned (d) to lean

Part II Choose the best answer for the blank.

13 Senator Johnson ________________ to the National Gallery to meet with the head,
Hugo Gibson tomorrow.

(a) to pay a visit (b) is to pay a visit

(c) is payed a visit (d) has paid a visit

14 When your kitchen ________________, call Green Plumbing and you'll find it good
as new.

(a) needs to repair (b) needs repairing

(c) needs being repaired (d) needs to repairing

15 ________________ low, the conductor ended the music.

(a) Being his baton holding (b) His baton held

(c) Being held his baton (d) His baton holding

16 _______________ no money left to invest, the board decided to dip into the contingency fund.

(a) There is

(b) Having been

(c) Being

(d) There being

17 It was difficult to get used _______________ in Korea.

(a) to people not wearing shoes inside their houses

(b) to people not wear shoes inside their houses

(c) for people not wearing shoes inside their houses

(d) for people not wear shoes inside their houses

18 My dad was so busy _______________ his car to see what was wrong with the engine.

(a) examine

(b) with examination

(c) examining

(d) to examine

19 It is no use _______________ about the politicians who incessantly scuffle.

(a) to complaining

(b) complained

(c) complaining

(d) complain

20 The UN _______________ in the relationship between China and Taiwan for nearly 40 years.

(a) is trying to intervene

(b) is trying intervening

(c) has tried to intervene

(d) has tried intervening

Actual Test

21 Representatives from all around the world are _________________ the environmental symposium next Wednesday.

(a) attended

(b) being attended

(c) to attend

(d) to be attended

22 _________________ on 10 years of programming, I see myself as a real programmer now.

(a) Look back

(b) Looking back

(c) To look back

(d) Looked back

23 Hi, bud. What about _________________ a drink tonight?

(a) have

(b) having

(c) to have

(d) to having

Part III Identify the option that contains an awkward expression or an error in grammar.

24 (a) A: What's wrong with the present your wife bought for your birthday?

(b) B: She asked me choosing between a big check and a small check.

(c) A: So you mean you don't like the checked shirt she chose?

(d) B: No, I thought she would give me a check. Money!

Part IV   Identify the option that contains an awkward expression or an error in grammar.

25 (a) Sodium, which is one of the indispensable chemicals in our body, has a lot to do with our life in every way. (b) Taking in an adequate amount of sodium helps keep bodily fluids so that we hardly dehydrate even when we sweat a lot. (c) Another important role would be the fact that our nervous system depends greatly on the interaction between sodium and its close friend, calcium. (d) It is also closely related to our daily diet. For example, salt, the most popular condiment, contains an ample amount of sodium. However, many scientists warn that excessive intake of sodium seems causing a negative effect on health, such as high blood pressure.

Chapter 05 | 가정법

🔍 Focus 1 가정법 기본 (1)

➕ 직설 조건문

If you **pull** the cat's tail, the cat **will scratch** you.
고양이는 꼬리를 잡아당기면, 사람을 할퀼 것이다.

If the fog **gets** thicker, the flight **will be** delayed.
안개가 점점 짙어지면, 비행기 편이 연기될 것이다.

➕ that절 속의 가정법

❶ 주어＋동사＋that＋주어＋(should)＋동사원형

- 주절의 동사 자리에는 주장, 제안, 요구, 명령, 충고, 결정 등을 나타내는 동사가 온다.
  insist, urge, suggest, propose, move, demand, require, request, order, command, advise, recommend, decide, resolve, determine

Charles **demanded** that I **come** back to his house.
찰스는 나에게 그의 집으로 다시 올 것을 요구했다.

Many doctors **requested** that the operation **be** postponed due to the unusual circumstances.
많은 의사들이 특이한 상황 때문에 수술을 연기할 것을 요구했다.

❷ It is＋형용사＋that＋주어＋(should)＋동사원형

- 형용사 자리에는 이성적 판단, 필요, 당위 등을 나타내는 형용사가 온다.
  essential, imperative, important, advisable, desirous, required, strange, urgent, necessary, natural, impossible, crucial, obligatory, vital

Exercise 1

다음 중 틀린 부분을 바르게 고치세요.

1 My mom recommended that Mi-ja is my wife.

2 I suggested that Min-ho applied for the job.

3 Charles Brown, the witness of the case, insisted that Jack be in Mary's house at that time.

4 It is very important that she reads good books.

다음 중 빈칸에 들어갈 알맞은 말을 고르세요.

5 If any defendant _______________ found guilty, he or she will have the right of appeal.

(a) were   (b) had been

(c) is   (d) was

6 The US government proposed that Korean characters _______________ to road signs in LA for many tourists from South Korea.

(a) added   (b) be added

(c) was added   (d) will be added

가정법 과거

A: I'm going to buy a CD player for my son's birthday.
B: Well, **I'd buy** an MP3 player **if I were** you.
A: 아들 생일 선물로 CD 플레이어를 사 줄 생각이야.
B: 내가 너라면, 난 MP3 플레이어를 사 줄 거야.

가정법 과거완료

If Jack **had majored** in business administration, he **would have had** less difficulty finding a job.
잭이 경영학을 전공했더라면, 직업을 구하는 것이 덜 어려웠을 텐데.

If I hadn't been wearing a seat belt, **I'd have been** seriously injured.
안전벨트를 매고 있지 않았더라면, 난 심하게 다쳤을 것이다.

혼합 가정법

If it **had not rained** last night, I **would go** inline-skating right now.
어젯밤에 비가 내리지 않았더라면, 지금 인라인 스케이트를 타러 갈 텐데.

If I had saved my assets last year, I **wouldn't be** poor like this.
작년에 재산을 모았더라면, 이렇게 가난하지는 않을 텐데.

가정법 미래

If he **should change** his mind, I **would not blame** him.
그가 마음을 바꾼다 해도, 난 그를 비난하지 않을 것이다.

If I were to be born again, I **would become** a professor.
다시 태어난다면, 난 교수가 될 것이다.

Exercise 2

다음 괄호 안의 표현 중 어법상 알맞은 것을 고르세요.

1 If you (helped / have helped) me, I might not make so many mistakes.

2 If it (were not / is not) raining, I would go hiking now.

3 If the sun (were to rise / rises) in the west, I would get married to her.

4 If he (should go / went) with me, everything will be settled easily.

다음 중 틀린 부분을 바르게 고치세요.

5 If I knew the truth, I would have told you. (실제로 몰랐을 경우)

6 If he had studied the matter carefully, he won't find himself in trouble now.

7 If Mr. Randolph worked hard in his youth, he would be rich now.
(실제론 열심히 일하지 않은 경우)

다음 중 빈칸에 들어갈 알맞은 말을 고르세요.

8 A: Martin was only 21 when he died.
B: If he had taken the doctor's advice, he ______________ alive now.

(a) may be   (b) might have been
(c) might be   (d) may have been

✚ I wish + 가정법: ~하면 좋을 텐데

❶ I wish + 가정법 과거: 현재의 실현 불가능한 소망

I wish I had enough money to buy a nice apartment.

= I am sorry I don't have enough money to buy a nice apartment.

좋은 아파트를 살 만큼 충분한 돈을 가지고 있다면 좋을 텐데.

= 좋은 아파트를 살 만큼 충분한 돈이 없어서 유감이다.

❷ I wish + 가정법 과거완료: 과거에 실현하지 못한 소망

I wish I had majored in Chinese instead of German in college.

= I am sorry I didn't major in Chinese instead of German in college.

대학에서 독일어 대신에 중국어를 전공했더라면 좋았을 텐데.

= 대학에서 독일어 대신에 중국어를 전공하지 않아서 유감이야.

✚ as if + 가정법

❶ as if + 가정법 과거: 마치 ~인 것처럼

At times Jenny behaves **as if/though** she **were** my daughter.

→ In fact, she is not my daughter.

가끔 제니는 마치 내 딸인 양 행세한다.

→ 사실은 그녀는 내 딸이 아니다.

❷ as if + 가정법 과거완료: 마치 ~이었던 것처럼

My brother has never been to China, but he talks **as if/though** he **had been** there.

→ In fact, he was not there.

내 형은 중국에 가본 적이 없다. 하지만 마치 거기에 가본 적이 있는 것처럼 말한다.

→ 사실은, 그는 거기에 가지 않았다.

✚ It's time that + 가정법 과거

❶ It's time that + S + 동사의 과거형

It's time that we **found** out what's going on.

무슨 일이 벌어지고 있는지 알아볼 때가 됐다.

Exercise 3

다음 괄호 안의 표현 중 어법상 알맞은 것을 고르세요.

1 It's about time that you (get / got) married.

2 I wish she (had followed / will follow) my advice.

3 John looks as if he (were / have been) thinking something else.

If you were in my shoes, what would you do?
　주어　동사

→ **Were you** in my shoes, what would you do?　　내 입장이라면 어떻게 할래?
　동사　주어

If you should change your mind, you can revoke your living will at any time.
→ **Should you** change your mind, you can revoke your living will at any time.
혹시라도 마음이 바뀌시면, 언제든지 생전 유언을 취소하셔도 됩니다.

🔍 Focus 5　가정법 관용표현

➕ **What if + 가정법 / 직설법**: ~하면 어떻게 될까?, ~한들 무슨 상관인가?

What if there **should be** an actual nuclear war between the United States and Russia?
미국과 러시아 간에 실제로 핵전쟁이 발발하면 어떻게 될까?

➕ **as it were**: 말하자면(= so to speak)

Grammar is, **as it were**, the skeletal structure of speech.
문법은 소위 말의 뼈대이다.

Exercise 4

다음 괄호 안의 표현 중 어법상 알맞은 것을 고르세요.

1 (Were / Had) it not for your help, I couldn't continue my business.

다음 중 틀린 부분을 바르게 고치세요.

2 Had I have more time, I could have done better.

다음 중 빈칸에 들어갈 알맞은 말을 고르세요.

3 _______________ his help at that time, I wouldn't be successful in my business now.

(a) With   (b) But with
(c) Had it not been for   (d) If it were not for

4 A: Hi, Mary. Come on in.
B: Oh, I didn't know you had friends here already. I wouldn't have come, _______________ I known someone was here.

(a) as   (b) if
(c) have   (d) had

Actual Test

Part I   **Choose the best answer for the blank.**

1   A: Dad, shall I buy a car? I'm sick of taking the subway.
   B: I'd rather you _________________, darling.

   (a) don't   (b) won't
   (c) didn't   (d) aren't

2   A: Graham wishes he _________________ to smoke after all these terrible years in
       the hospital.
   B: It's never too late to know.

   (a) doesn't start   (b) hasn't started
   (c) hadn't started   (d) shouldn't start

3   A: My girlfriend wants to have plastic surgery. What would you do?
   B: Well, if I _________________ you, I'd tell her she looks beautiful as she is.

   (a) be   (b) am
   (c) were   (d) was being

4   A: If we had asked people, we _________________ and waste our time now.
   B: I'm sorry. I thought I could find the way myself.

   (a) don't have to get lost   (b) will have to get lost
   (c) wouldn't have to get lost   (d) hadn't had to get lost

5   A: I think you're talking too loud. I'd rather you _________________ to have a chat.
   B: I'm so sorry about that.

   (a) go outside   (b) went outside
   (c) gone outside   (d) will go outside

6 A: I didn't know James Dean was born in the 30's.

B: Right. If he ________________ still alive, he would be around 77 by now.

(a) is

(b) were

(c) has been

(d) had been

7 A: There must have been somebody on the inside giving information to the burglar.

B: Exactly. If he ________________ the combination, he could never have opened our new safe.

(a) doesn't know

(b) didn't know

(c) hasn't known

(d) hadn't known

8 A: Don't marry James. If you don't listen to what mom says, you'll live to regret it.

B: Sorry, mom. Even if the sun ________________ in the west, I would never change my mind.

(a) is to rise

(b) were to rise

(c) has been rising

(d) is rising

9 A: What did the dentist tell Mary to do?

B: He recommended that she ________________ coffee too much.

(a) wouldn't drink

(b) hasn't drunk

(c) not drink

(d) isn't drinking

10 A: I ________________ that shirt for 50 dollars if I were you.

B: But I've always wanted to have a red shirt.

(a) didn't buy

(b) haven't bought

(c) wouldn't buy

(d) don't buy

Actual Test

11 A: Isn't it about time that Japan _________________ sorry sincerely about the past to Korea?

B: Absolutely. They act as if they hadn't done anything wrong.

(a) say

(b) says

(c) said

(d) is saying

12 A: It was unnecessary for you to have a fight over such an unimportant thing.

B: If Jimmy hadn't started, I _________________ back.

(a) didn't fight

(b) don't fight

(c) haven't fought

(d) wouldn't have fought

Part II Choose the best answer for the blank.

13 If my dad hadn't sold all of his shares a month ago, he _________________ a millionaire now.

(a) is

(b) was

(c) would be

(d) will be

14 The guide advised that all the tourists _________________ their passports with them at all times.

(a) carry

(b) carrying

(c) have carried

(d) had carried

15 Colin and his wife finally divorced last month, but they tried to act _________________ they were ok.

(a) even if

(b) as long as

(c) if only

(d) as though

16 It is very important that more voices of consumers _________________ in Korea.

(a) be heard

(b) is heard

(c) has been heard

(d) had been heard

17 _________________, the company would not have stood a chance of survival.

    (a) Did it not streamline its management

    (b) Has it not streamlined its management

    (c) Had it not streamlined its management

    (d) As it not streamlines its management

18 Had the President taken part in the parade yesterday, he _________________ the terrorists' attack.

    (a) can not avoid   (b) could not avoid

    (c) could not have avoided   (d) was not able to

Part III   **Identify the option that contains an awkward expression or an error in grammar.**

19 (a) A: I've been thinking. I need to lose some weight.

    (b) B: Why do you need to?

    (c) A: I'm starting to have a beer belly and I just want to get rid of it before it gets huge.

    (d) B: That's a good idea. I recommend that you would try the health club that I used to go to.

Part IV   **Identify the option that contains an awkward expression or an error in grammar.**

20 (a) The Roman Empire had considered a strategically crucial factor in building roads, they would not have had to see themselves decline. (b) The roads that they built were essentially trouble-free, which means their enemies could also use the express ways to Rome. (c) If they had set up some obstacles along the roads, the invaders could not have come to the capital so easily. (d) This is a very good example of how a well-meant idea ends up asking for big trouble.

Chapter 06
일치

> 🔍 **Focus 1** TEPS에 자주 나오는 일치에 관한 기본 사항

➕ **주어＋수식어구＋동사: 수식어구는 수 일치에 영향을 주지 않는다.**

The conversation <u>that William had with his business associate</u> **was** confidential.
윌리엄이 그의 동업자와 나눴던 대화는 기밀이었다.

➕ **항상 단수 취급하는 경우**

❶ every/each + 단수 명사 → 단수 동사

Each car the company makes **has** its own unique feature.
그 회사가 제조하는 각각의 차들은 나름의 고유한 특징들을 가지고 있다.

Every man and woman at the party **was** proud to serve in World War II to preserve world freedom.
그 파티에 참석한 남녀는 모두 세계평화를 유지하기 위해 제 2차 세계대전에 참전한 것을 자랑스러워했다.

❷ 동명사, 부정사, 명사구[절] 등이 주어 → 단수 동사

Exercising every day **makes** you a professional manager of your health.
매일 운동을 하시면 당신의 건강을 전문적으로 관리하실 수 있습니다.

That Warren Buffet is a generous man **is** admitted by everybody.
워렌 버펫이 관대한 남자라는 것은 모든 사람이 인정하고 있다.

❸ a ~ of + 복수 명사 → 단수 동사

다음과 같은 수식어가 붙은 복수 명사는 하나의 단위로 간주될 때 단수 취급한다.
a series of, a group of, a total of, a supply of, a team of, a box of, a bunch of, a flock of

A total of twenty receipts **is** required to receive a free pizza.
공짜로 피자 한 판을 받기 위해서 총 20장의 영수증이 필요하다.

A bunch of cells **is** not a living "being."
세포 덩어리는 살아 있는 "존재"가 아니다.

❹ **one/either/neither of+복수 명사 → 단수 동사**

One of the students **was** treated for minor injuries to his head.
그 학생들 중 한 명이 머리에 입은 가벼운 부상에 대해 치료를 받았다.

Exercise 1

다음 중 틀린 부분을 바르게 고치세요.

1 Every boy and girl were invited to the party.

2 Jack, accompanied by two friends, are coming here.

3 The motorbike which he bought two weeks ago run fast.

4 Neither of the workers were involved in the labor dispute.

❶ 학과, 병명

Measles is a respiratory disease caused by a virus.
홍역은 바이러스에 의해 유발되는 호흡기 질병이다.

Physics is considered to be the most basic of the natural sciences.
물리학은 가장 기초적인 자연과학으로 여겨진다.

cf. **Statistics show** that one out of every four people has a mental illness.
통계자료에 따르면 4명당 1명꼴로 정신병을 앓고 있다고 한다.

❷ 시간, 거리, 가격, 중량을 하나의 단위로 볼 때

A hundred dollars was a lot of money in 1898.
1898년에는 백 달러는 큰돈이었다.

Ten years is too long for one person to serve as Dean of Faculty.
10년은 학장으로 재임하기에는 너무 긴 시간이다.

❸ 국가, 단체

The Netherlands has been a WTO member since 1995.
네덜란드는 1995년 이래로 WTO 회원국이다.

The United Nations was established after World War II.
국제연합은 2차 세계대전 이후에 설립되었다.

❹ 한정사가 하나일 때

A black and white cat **was** in the doorway.
현관에 검정과 흰색의 얼룩 고양이 한 마리가 있었다.

A black and **a** white cat **were** taking a nap under the table.
검은 고양이 한 마리와 흰 고양이 한 마리가 테이블 아래에서 낮잠을 자고 있었다.

Exercise 2

다음 중 틀린 부분을 바르게 고치세요.

1   Three years has passed since my grandmother passed away.

2   Thirty miles are not a long distance.

3   The doctor and professor were present at the meeting.

4   The latest statistics shows that the population of Taiwan has been changed.

5   The English is a practical people.

6   There many books are on the table.

7   Everybody, quiet! Here Mr. Wilson comes!

8   The poet and the painter is at the party.

➕ 헷갈리는 수식어 일치

❶ many(많은)+복수 명사
a number of(많은)+복수 명사 → 복수 동사

Many presidents **have** found relief from the tension of their work through exercise.
많은 사장들이 운동을 통해서 업무상의 긴장을 해소했다.

More than 1,000 houses were burnt and **a number of** cars **were** destroyed.
1,000개가 넘는 주택이 불에 탔고, 수많은 자동차들이 파손되었다.

❷ many a(많은)+단수 명사
the number of(~의 숫자)+복수 명사 → 단수 동사

Many a president **has** appointed a political friend as attorney general.
많은 대통령들이 정치 동료를 법무장관으로 임명했다.

The number of lung cancer cases among women **has** jumped over 60 percent since 1950.
여성들 사이의 폐암 발병 건수가 1950년 이후로 60퍼센트 이상 증가했다.

➕ A and B의 수 일치

❶ A and B: 별개의 사람, 사물 → 복수 동사

bread and butter 버터와 빵

❷ A and B: 불가분의 관계 → 단수 동사

bread and butter 버터 바른 빵

Curry and rice is said to be among the children's top three favorite dishes.
카레라이스는 아이들이 가장 좋아하는 3가지 음식 중의 하나라고 한다.

The bow and arrow was first invented primarily for hunting needs.
활과 화살은 처음에는 사냥을 주목적으로 발명되었다.

Exercise 3

다음 괄호 안의 표현 중 어법상 알맞은 것을 고르세요.

1   A number of books (was / were) missing from the shelf.

2   The number of books (was / were) indeed large.

3   A watch and chain (is / are) the thing that I wish to buy.

4   All work and no play (make / makes) Jack a dull boy.

5   Brandy and water (were / was) one of his favorite.

6   A black and white dog (was / were) running here.

7   Many a parent (have / has) gone through the same painful process.

🔍 Focus 4   상관접속사의 일치

➕ **상관접속사는 동사에서 가까운 주어에 일치시킨다.**

❶ either A or B 구문, Neither A nor B 구문 → B에 일치

Either you **or I am** misunderstanding what we've learned today.
당신과 나 둘 중에 한 명이 오늘 우리가 배운 것을 잘못 이해하고 있다.

Neither you **nor** he **has** to attend the meeting.
당신도 그도 회의에 참석할 필요 없다.

❷ not only A but (also) B 구문 → B에 일치

Not only you **but also** Kevin **was** to blame for yesterday's car accident.
당신뿐만 아니라 케빈 역시 어제 차 사고에 책임이 있다.

❸ not A but B 구문 → B에 일치

It was **not** I **but** they that **were** arrested as suspects in the terrorist attack.
테러 공격에서 용의자로 체포된 사람은 내가 아니라 바로 그들이었다.

❹ 예외: A as well as B → A에 일치

I **as well as** my brother **am** interested in playing online games.
형뿐만 아니라 나 역시 온라인 게임에 관심이 있다.

🔍 Focus 5   일치에 관한 기타 기출 사항

➕ **관계대명사절의 동사는 선행사에 일치시킨다.**

Kate is the only **one** of my friends who **understands** jazz.
케이트는 내 친구들 중에 재즈를 이해하는 유일한 친구이다.

➕ **항상 복수 취급하는 both**

Both science and English **were** my favorite subjects in my school days.
과학과 영어 둘 모두 학창시절에 내가 가장 좋아하는 과목이었다.

✚ 부분을 나타내는 명사는 뒤따르는 명사에 따라 동사의 수가 결정된다.

Some of the victims **were** burned so badly that they were never identified.
몇몇 희생자들은 너무 심하게 불에 타서 신원을 도저히 확인할 수 없었다.

Some of the money **was** used to set up college scholarships.
그 돈의 일부는 대학 장학금을 마련하기 위해 사용되었다.

Exercise 4

다음 괄호 안의 표현 중 어법상 알맞은 것을 고르세요.

1   James and I (is / are) great friends.

2   (These are / This is) Tom and Judy's car.

3   Over half of the children (lives / live) in one-parent families.

4   All the food (was / were) prepared the day before the event.

5   A third of his composition (has / have) been corrected.

6   Ninety percent of the students in our school (is / are) pleased with the instruction.

7   I as well as she (is / am) interested in music.

8   Not only you but also I (am / are) to blame.

9   Either you or she (is / are) in the wrong.

10 We need a person who (speak / speaks) English.

Part I   Choose the best answer for the blank.

1   A: I'd like you to cut the price a little bit more.

B: I can't. 45 dollars ________________ my bottom line.

(a) is   (b) are

(c) were   (d) to be

2   A: A number of people ________________ told me that I look like my dad.

B: I think so. You're actually a copy of him.

(a) is   (b) are

(c) has   (d) have

3   A: The murderer is still on the loose, right?

B: It seems that the police ________________ trying hard enough to catch him.

(a) hasn't   (b) haven't

(c) isn't   (d) aren't

4   A: ________________ well known for their good cooking skills.

B: I know. All of my Chinese friends are wonderful cooks.

(a) Chinese is   (b) The Chinese is

(c) Chinese are   (d) The Chinese are

5   A: Are both of these pairs of shoes yours?

B: No, neither of them ________________ mine. They are my sister's.

(a) is   (b) are

(c) isn't   (d) aren't

6   A: Almost two hundred customers have come to our restaurant today.

B: But almost half of the people ________________ with the food.

(a) weren't satisfying   (b) weren't satisfied

(c) has been satisfied   (d) have satisfied

7 A: The number of road accidents _________________ as there is a lot of snow.

B: You bet. I saw a terrible accident myself on the way home last night.

(a) is increasing

(b) are increasing

(c) have increased

(d) had increased

8 A: My parents as well as my brother _________________ coming down with the flu.

B: Be careful or you're going to pick it up.

(a) is

(b) are

(c) be

(d) being

9 A: Did you know English spelling in Britain is different from that in the States?

B: Yeah. But it's not strange that every country _________________ spelling rules.

(a) have its own

(b) has its own

(c) have own their

(d) has own their

10 A: I don't understand what you're trying to say.

B: What I'm saying _________________ that you can never trust politicians.

(a) is

(b) was

(c) are

(d) were

Part II **Choose the best answer for the blank.**

11 Underage drinking _________________ one of the main reasons for runaway teenagers.

(a) be

(b) is

(c) are

(d) being

Actual Test

12 The Job Seekers' Pages _________________ a very informative newspaper especially for those looking for a job.

(a) being

(b) to be

(c) is

(d) are

13 The Netherlands _________________ erroneously known as the same country as Holland to many people.

(a) has

(b) have

(c) is

(d) are

14 A series of smear campaigns _________________ the reputation of the Labor Party enormously.

(a) has finally damaged

(b) have finally damaged

(c) is finally damaged

(d) are finally damaged

15 15 years _________________ since the government privatized National Telecom.

(a) has passed

(b) have passed

(c) is passing

(d) are passing

Part III   Identify the option that contains an awkward expression or an error in grammar.

16 (a) A: You look down a little. Things are not going well, right?

(b) B: Yeah. I had a rotten day at school.

(c) A: Hmm. Let's go get a drink and talk about it.

(d) B: Sound like a good idea. I need to let off steam.

17 (a) A: Lila, can you help me? I need to get this documents copied.

  (b) B: Sure. Just switch on the photocopier and the green light will be on.

  (c) A: The green light means it's ready?

  (d) B: No, you have to wait until it turns orange.

18 (a) A: I started to feel a lot better after I took the medicine, Doctor Jones.

  (b) B: That's good to know. Has all the symptoms disappeared?

  (c) A: Pretty much, but I still feel a little dizzy.

  (d) B: It takes some time, so keep taking the medicine until you are not dizzy anymore.

Part IV Identify the option that contains an awkward expression or an error in grammar.

19 (a) Most controversies arising in this country at the moment is largely concerned with the economy. (b) It is impossible to predict accurately whether the new government's policies will succeed or fail. (c) Some economists claim that we might have to face some teething troubles because they are inevitable. (d) Others disagree, saying that the country's economic situation is so grave that we can not afford any more mistakes.

20 (a) The accuracy of bombs have improved dramatically with modern technology. (b) For example, during World War II, it was very difficult for the old-fashioned bomber aircraft to hit the right target, especially during night time. (c) Cutting-edge computing systems, unmanned planes, satellites of today, however, make it possible to get hold of all the necessary information for the target. (d) As a result, almost all bombers with highly sophisticated computer systems can hit their targets with pinpoint accuracy.

Chapter 07

TEPS 문제풀이 비법 총정리

 **Focus 1** 동사 총정리

모든 문장은 주어, 동사로 시작하며 동사의 종류(자동사, 타동사)에 따라 문장의 구성이 결정된다. 따라서 동사를 아는 것은 영어 학습의 기본인 동시에 **TEPS Grammar**를 시작하는 첫걸음이기도 하다. **TEPS**에서는 5형식 동사 관련 문제들이 가장 높은 출제율을 보이고 있으므로 목적격 보어의 다양한 형태를 집중적으로 학습하자.

✚ 자동사와 타동사의 다른 점

❶ 자동사

- 1형식: 보어, 목적어가 필요 없음

None of Sam's brothers **went** to university.

샘의 형제 중 아무도 대학을 다니지 않았다.

- 2형식: 보어를 필요로 함

William **was** such a gentleman.

윌리엄은 매우 신사였다.

❷ 타동사

- 3형식: 〈주어＋동사＋목적어〉

Luke still **resents** not having been invited to our wedding.

루크는 우리 결혼식에 초대되지 않은 것에 대해 아직도 화가 나 있다.

- 4형식: 〈주어＋동사＋간접목적어＋직접목적어〉

Andy **told** his daughter that he would take care of it himself.

앤디는 그의 딸에게 그 스스로 그 일을 처리하겠다고 말했다.

- 5형식: 〈주어＋동사＋목적어＋목적격 보어〉

What **made** you stay with Bruce despite all the bad things he did?

부르스가 너에게 한 모든 나쁜 짓에도 불구하고, 그랑 함께 있는 이유가 뭐니?

✚ 5형식의 다양한 보어들

❶ 〈동사+목적어+명사/형용사〉

The board of directors elected Florence CEO of this corporation **effective** Sep. 1, 2004.

이사회에서는 플로랜스를 2004년 9월 1일 부로 이 회사의 최고경영자으로 선출했다.

I do not find it **wrong** to use English more than Korean for study.

공부를 위해 한국어보다 영어를 더 많이 사용하는 것이 잘못되었다고 생각하지 않습니다.

❷ 사역동사: have, get, make, let

Will the new tax laws **make** people **give** the government more of their property?

새로운 세법들이 사람들로 하여금 정부에게 자신들의 재산을 더 많이 기증하도록 할 것인가?

I should **get** this package **delivered** to my aunt before Christmas.

나는 크리스마스 이전에 이 소포를 이모님께 배달되도록 해야 한다.

❸ 〈지각동사+목적어+동사원형/-ing/p.p.〉

• 능동일 경우

You can **hear** him **play** the music that brings happiness to his soul.

여러분께서는 그가 그의 영혼을 행복하게 해주는 음악을 연주하는 걸 들어보실 수 있습니다.

• 능동 · 진행의 경우

Parents worry when they **hear** their children **shouting**.

부모님은 그들의 아이들이 고함치고 있는 소리를 들을 때 걱정을 하게 됩니다.

❹ 〈동사+목적어+to 동사원형〉

urge, want, expect, mean, intend, wish, force, cause, enable, encourage, advise, tell

The United Nations has **urged** several countries **to honor** the peace treaty.

유엔은 여러 국가들에게 그 평화조약을 지킬 것을 촉구했다.

I **want** my son **to think** about putting forth a greater effort.

나는 내 아들이 좀 더 큰 노력을 해 주기를 원한다.

Exercise 1

다음 중 틀린 부분을 바르게 고치세요.

1 After the lecture, there were a demonstration of new marketing techniques.

2 There is a few things we need to discuss.

3 There remains four possible solutions to the problem.

4 Good medicine tastes bitterly to the mouth.

5 We have discussed about the role of television in education.

6 Nobody mentioned about anything to me about it.

7 I married with him on the rebound.

8 I had my purse stole.

9 I must get this radio to repair.

10 I'll let you to know as soon as anything comes in.

다음 중 빈칸에 들어갈 말로 알맞은 것을 고르세요.

11 A: All the people that were born in this village have curly hair.
    B: Yes, they all _______________ each other.

(a) resembles   (b) are resembling
(c) resembles with   (d) resemble

Focus 2 수동태 총정리

주어보다 목적어가 의미상 더 중요한 경우 능동태의 목적어를 주어 자리로 옮겨 어떤 동작을 당하는 의미로 만드는 것을 수동태라고 한다. TEPS에서 수동태 관련 문제는 평균 3문제 정도 출제되고 있으므로 기본적인 개념부터 꼼꼼히 학습하도록 하자.

✚ 기본 형태: 〈주어+be+p.p. (+by+행위자)〉

People around the world **respect** Bill Gates.

→ Bill Gates **is respected by** people around the world.

전 세계 사람들은 빌게이츠를 존경한다. → 빌게이츠는 전 세계 사람들에게 존경받는다.

✚ 4형식 문장의 수동태: 목적어가 두 개이므로 수동태도 두 가지 형태

The president offered Sam a good position.

그 회장은 샘에게 좋은 자리를 제의했다.

- 간접목적어(~에게)가 주어가 될 때
  → **Sam** was offered a good position by the president.

  샘은 그 회장으로부터 좋은 자리를 제의받았다.

- 직접목적어가 주어가 될 때: 간접목적어 앞에 전치사 to/for/of가 붙는다.
  → **A good position** was offered **to** Sam by the president.

  좋은 자리가 그 회장에 의해서 샘에게 제의되었다.

✚ 5형식 문장의 수동태

❶ 5형식 문장이 수동태가 될 때 목적격 보어는 그대로 둔다.

Native Americans usually call the bison a buffalo.

→ The bison is usually called a buffalo (by native Americans).

미국의 원주민들은 들소를 보통 버팔로라고 부른다. → 들소는 보통 (미국 원주민들에 의해) 버팔로라고 불리워진다.

❷ 지각동사의 수동태: 〈be+p.p.+to 동사원형/현재분사〉

I **heard** John **sing** in his room last night.

→ John **was heard to sing** in his room last night.

→ John **was heard singing** in his room last night.

나는 그가 지난밤 그의 방안에서 노래를 부르는 걸 들었다.

❸ 사역동사의 수동태: 〈be+p.p.+to 동사원형〉

The manager **made** new employees **drink** until they passed out.
→ New employees **were made to drink** until they passed out by the manager.
부서 책임자가 신입사원들에게 필름이 끊길 때까지 술을 마시게 했다.

My father didn't **let** me **go** to the party.
→ I **was** not **allowed to go** to the party.
아버지는 내가 파티에 가는 걸 허락하지 않았다.

➕ 수동의 의미를 가지는 능동태

clean, sell, read, wash, compare, peel, cut 등은 easily, well, quickly 등의 부사(구)를 만나면 능동태이지만 수동의 의미를 갖는다.

A: What's the most popular ESL book in your bookstore?
B: *TEPS MASTER 750* <u>is sold</u> very well. (×)
　　　　　　　　→ **sells** very well. (○)
A: 이 서점에서 가장 인기 있는 외국어 어학 교재가 뭐죠?
B: 《템스 매스터 750》이 아주 잘 팔립니다.

➕ 〈by+행위자〉 자리에 다른 전치사가 오는, 숙어처럼 외울 주요 표현

❶ be+p.p.+at

be surprised at ~에 놀라다　　　　　　　　be astonished at ~에 놀라다
be amazed at ~에 놀라다　　　　　　　　　be startled at ~에 놀라다
be frightened at ~에 놀라다　　　　　　　　be disappointed at ~에 실망하다
be located at/in/on ~에 위치하다

❷ be+p.p.+to

be married to ~와 결혼하다　　　　　　　　be accustomed to ~에 익숙하다
be committed to ~에 헌신하다　　　　　　　be devoted to ~에 전념하다
be opposed to ~에 반대하다　　　　　　　　be attributed to ~ 탓으로 돌려지다(= be ascribed to)

❸ be+p.p.+with

be filled with ~으로 가득 차다

be crowded with ~으로 붐비다

be satisfied with ~에 만족하다

be pleased with ~으로 기뻐하다

be fed up with ~에 싫증나다

be acquainted with ~를 알다

be covered with ~으로 덮이다

be surrounded with/by ~으로 둘러싸이다

be contented with ~에 만족하다

be delighted with/at ~으로 기뻐하다

be bored with ~에 싫증나다

❹ be+p.p.+in

be interested in ~에 흥미가 있다

be engaged in ~에 종사하다

be absorbed in ~에 몰두하다

❺ be+p.p.+of

be convinced of ~을 확신하다

be tired of/from ~에 싫증나다, 지긋지긋하다

be composed of ~으로 구성되다

❻ 전치사에 따라 의미가 다른 경우

be made of (재료) ~으로 만들어지다

be made from (원료) ~으로 만들어지다

be made into (제품) ~로 만들어지다

be concerned about ~에 대해 걱정하다

be concerned with ~에 관련되다

be known as (자격) ~로서 유명하다

be known to (대상) ~에게 유명하다, 알려지다

be known for (이유) ~으로 유명하다

be possessed of (추상적인 자질) ~을 가지다

be possessed with/by ~에 사로잡히다

다음 괄호 안의 표현 중 어법상 알맞은 것을 고르세요.

1 All successful candidates (will be notified / will notify) by e-mail.

2 The annual meeting (was attended / attend) by sales representatives from all the regions.

3 He found that all his money (had stolen / had been stolen).

4 The legal system is (composed / consisted) of people, and people make mistakes.

5 John is well known (as / to) anyone studying TEPS.

Focus 3 시제 총정리

시제는 TEPS에서 가장 빈번하게 출제되는 Chapter 중 하나이다. 시간 · 조건을 나타내는 부사절에서 현재 시제의 미래 시제 대용, 현재완료 시제와 구별되는 과거 시제 표현, 그리고 진행 시제의 특징과 더불어 시제 일치의 특징까지 정리하도록 하자.

현재 시제를 쓰는 경우

❶ every나 빈도부사(always, often, usually)와 함께 현재의 습관, 사실을 나타낼 때

What a city library usually **does** to raise money is to sell old books.
시립 도서관은 자금을 조성하기 위해 주로 헌 책을 판매한다.

❷ 불변의 진리나 일반적 사실

Solar power **is** a method of generating energy from the light of the sun.
태양광 발전은 햇빛으로부터 에너지를 얻는 방법이다.

❸ 시간 · 조건의 부사절에서는 미래를 현재로 쓴다.

- 시간 · 조건 부사절의 접속사: when, until, as soon as, after, before, if, unless, in case, as long as

When my younger brother **begins** a new job as a front officer, he will wear a suit, shirt and tie.
내 남동생은 호텔 프론트 직원으로 새 일을 시작하면, 정장 차림에 넥타이를 착용할 것이다.

cf. 과거 · 미래 시제를 쓰는 경우

The late Prime Minister Winston Churchill **played** a considerable role in the eventual allied victory over Germany.
고 수상 윈스턴 처칠은 궁극적으로 연합군이 독일에 대해 승리를 거두는 데 있어 중대한 역할을 했다.

My grandfather **will** retire 10 years later.
우리 할아버지는 10년 뒤에 은퇴하실 것이다.

시제 일치의 예외

Jenny often **tells** me how she **loves/loved** her husband.
제니는 종종 나에게 그녀의 남편을 아주 사랑한다/했다고 말한다.

I **heard** that Min-ho **had gone** to America as an exchange student.
나는 민호가 교환학생으로 미국에 갔다고 들었다.

❶ 시간 · 조건의 부사절(until, before, when, if, after)에서는 미래의 내용도 현재 시제로 나타낸다.

If she **comes** back to my house, I will give her some books.
그녀가 우리 집에 다시 온다면, 나는 그녀에게 책을 몇 권 줄 것이다.

❷ 역사적 사실은 항상 과거 시제를 쓴다.

The teacher told us that the Korean War <u>had broken</u> out in 1950. (×)

→ **broke**

선생님께서 한국전쟁은 1950년에 발발했다고 우리에게 말씀하셨다.

❸ 주장, 제안, 요구 등의 동사 뒤에 나오는 **that**절의 동사는 〈(should+) 동사원형〉

order, demand, ask, require, insist, urge, propose, suggest, advice

Mary suggested that we **(should) present** the solution directly to the supervisor.

매리는 우리가 상사에게 직접 해결책을 제시할 것을 제안했다.

❹ 특정 형용사 뒤에 이어지는 that절의 동사는 〈(should+) 동사원형〉

imperative, essential, important, (im)possible, necessary, advisable] +that+주어 (+should)+동사원형

It's important that Mandy **(should) submit** the report by 10 this evening.

맨디는 오늘밤 10시까지 그 보고서를 제출하는 것이 중요하다.

❺ 불변의 진리, 속담, 현재의 습관이나 성질은 현재 시제를 쓰는 경우가 많다.

Johnson told us that he **walks** his dog every afternoon.

존슨은 매일 오후에 자기 개를 산책시킨다고 우리에게 말했다.

cf. 화자가 현재는 존슨이 매일 오후에 개를 산책시키고 있지 않다고 생각하는 경우.

Johnson told us that he **walked** his dog every afternoon.

➕ 완료 시제

❶ 현재완료

Since the early 1990s the city council **has restored** a thousand acres of wetlands in Chicago.

1990년대 초반 이래로, 그 시 의회는 시카고의 천 에이커의 습지를 복원해 왔다.

• 현재완료를 나타내는 부사구

so far, up to now, until now, for, during, over, 〈since+시간 명사〉, lately, recently

❷ 과거완료

John Black **had been** a director of a human resources department for 20 years when he resigned in 2002.

존 블레이크는 20년 동안 인사부 부장 직을 역임하다가 2002년에 사임했다.

❸ 미래완료

We **will have lived** in Chicago for twenty years by 2005.

2005년쯤이면 우리는 시카고에 20년 동안 산 셈이 될 것이다.

• 미래완료를 나타내는 표현
  부사구: by then, 〈by + 기간〉, by the end of this year, by the time next year
  부사절: 〈by the time + 주어 + 동사〉

➕ 진행 시제

A: Mark, where **are** you **going**?

B: **I'm going** to the fitness center to meet my girlfriend.

A: 마크, 어디 가니?

B: 여자친구 만나러 체육관에 가는 중이야.

I heard that Sampson **was planning** on taking the position.

샘슨이 그 일자리를 받아들일 계획이라고 들었어.

Nick **has been lying** in bed for two days.

닉은 이틀 동안 침대에 누워 있다.

He did not know that Palmer **had been looking** for a replacement.

그는 팔머가 후임자를 구해오고 있었다는 사실을 몰랐다.

• 진행형이 불가능한 동사

  소유, 존재: be, belong, exist, own, have, consist, keep

  정서, 기호: want, desire, wish, love, hate, like, forgive

  지각동사: see, hear, feel, notice, smell

  사유동사: think, realize, understand, mind, forget, doubt, hope, believe

All conversation sections **are consisting** of everyday situations like using public transportation. (×)

All conversation sections **consist** of everyday situations like using public transportation. (○)

모든 회화 섹션은 대중교통 이용 등과 같은 일상적인 상황들로 구성되어 있다.

Exercise 3

다음 괄호 안의 표현 중 어법상 알맞은 것을 고르세요.

1 We had better stay in the building until the rain (stop / will stop / stops).

2 I (was leaving / am leaving / left) for Germany next Friday.

3 Who knows what Japan (become / became / will become) in twenty years?

4 We (have / had / have had) a nice time last evening.

5 He told us that the earth (go / went / goes) around the sun.

6 If she (will come / comes) back tomorrow, we will take her for a walk.

7 My son (had been / has been) sick since last week.

8 No sooner (has / had) Tom seen me than he ran away.

TEPS와 다른 영어 시험의 가장 큰 차이는 매달 출제되는 TEPS Grammar Part I의 대화체 관용표현 문제이다. 다음은 출제되었거나 언급될 만한 기본적인 표현들이므로 모두 암기해두기 바란다.

He stood me up. 그가 나를 바람맞혔어.

He left for the day. 그는 퇴근했어.

He's man of his word. 그는 약속을 잘 지키는 사람이야.

He's headstrong. 그는 참 완고해.

How long does it take to ~? ~하는 데 얼마나 걸리나요?

How's your paper coming/getting/going along? 네 보고서 어떻게 되어가니?

I assure you that ~ 제가 ~을 보장해요

I came up with a great idea. 좋은 생각이 났어.

I can live with ~ / I can accept ~ ~을 받아들일 수 있어요

I can't buy it. / I can't believe it. 믿을 수 없어.

I couldn't ask for more. 더할 나위 없이 만족스럽다.

I didn't mean to get in your way. 방해할 생각이 아니었어.

I don't get it. 이해가 안 돼.

I got a ticket for speeding. 속도위반 딱지를 떼였어요.

I got fired. / They let me go. / I got laid off. 해고됐어요.

I got stuck/caught in traffic. 교통 체증에 걸렸어요.

I'll drop/let you off there. 그곳에서 내려줄게.

I'll watch your schedule. 당신 시간에 제가 맞출게요.

I'll get back to you later. 나중에 연락드릴게요.

I'll keep it in mind. 명심할게요.

I'll keep my fingers crossed for you. 행운을 빌게요.

I'm all ears. 듣고 있어.

I'm all for that. / I support that idea. (그 생각을) 전적으로 지지해. / 대찬성이야.

I'm all thumbs in the kitchen. 난 부엌일은 전혀 못해.

I'm mad at you. / I'm upset with you. 너한테 화났어.

I'm not used to -ing ~에 익숙하지 않아요

I'm so flattered. 과찬의 말씀이십니다.

I've never eaten better. 음식 잘 먹었습니다.

If it ain't broke, don't fix it. 이상이 없으면 고치지 말라.

It remains to be seen. / We'll know for sure later. 두고 볼 일이야.

It serves you right. 쌤통이다.

It slipped my mind. 깜빡했어요.

It sounds like+명사 / as if+절 ~인 것 같아요

It takes two to tango. / Both sides contribute. 둘 다 책임이 있다.

It was a close call. 큰일 날 뻔했어.

It's 8 o'clock sharp/on the dot/on the nose. 정각 8시에요.

It's a deal. 좋았어. / 그렇게 하자.

It's a good thing. 다행이다.

It's a great deal. / It's a bargain. 싸게 잘 샀다.

No sweat. 걱정 없다. / 문제없다.

No wonder she's crying. 그래서 우는구나.

Now you're talking. / Now you're doing it right. 그렇고말고!

Pardon me for living. 폐를 끼쳐 죄송합니다.

Pipe down! 조용히 해!

Please accept my deepest condolences/sympathy. 뭐라고 위로의 말씀을 드려야 할지 모르겠네요.

Beat me! / Search me! / I don't know! 몰라.

Seeing is believing. 백문이 불여일견.

serve a person right ~에게 마땅한 대우를 하다, ~에게 당연한 보복이 되다

Shake a leg! / Hurry up! 서둘러! *cf.* Break a leg! 힘내!

Step on it! 빨리 가! / 서둘러!

You are so cheap. 너 정말 치사하다.

You are too much. 당신 너무하는군요.

You bet. 틀림없어요. / 물론이지요.

Actual Test

Part I   **Choose the best answer for the blank.**

1   A: Anna just got back from her vacation and she seems _______________ a good
   time.
   B: Really? Where did she go?

   (a) to have
   (b) to have had
   (c) to be having
   (d) having

2   A: Did you know that the governor _______________ in a car accident on his way
   home from work?
   B: Yes. I heard it on the radio this morning.

   (a) killed
   (b) was killed
   (c) was killing
   (d) kills

3   A: Do you know about Japanese people?
   B: Yes. They _______________ their kindness and food.

   (a) are well known for
   (b) are well known to
   (c) are well known by
   (d) are well known over

4   A: It will be great if you feed my dog for me while I'm away.
   B: No problem. She'll _______________.

   (a) be looking after
   (b) be after looking
   (c) be looked after
   (d) be after looked

5   A: Is it true that Frank is in prison?
   B: True. He _______________ in the act of shoplifting.

   (a) catching
   (b) caught
   (c) was catching
   (d) was caught

6 A: I heard that Frenchmen rarely _______________ with each other on anything.

   B: It does sound like the French.

   (a) agree
   (b) agrees
   (c) are agreed
   (d) are agreeing

7 A: Matthew Morgan is probably the best guitarist _______________.

   B: Do you think so? I was a bit disappointed at his concert last month.

   (a) I ever see
   (b) I have ever seen
   (c) I am ever seeing
   (d) I had ever seen

8 A: Do you mind if I use the computer?

   B: Not at all. _______________ now.

   (a) I use it
   (b) I am not using it
   (c) I haven't used it
   (d) I will use it

9 A: Get me a copy of this right away.

   B: Sorry but I can't right now. The copier _______________.

   (a) has fixed
   (b) was fixed
   (c) has been fixing
   (d) is being fixed

10 A: Oh, the building on the hill looks so beautiful.

   B: Doesn't it? I _______________ hope to buy one like that sometime.

   (a) can't
   (b) am
   (c) do
   (d) don't

11 A: Are you still into heavy metal?

   B: I am. But slightly less than I _______________.

   (a) did
   (b) have
   (c) was
   (d) will

Actual Test

12 A: Hello. Thanks for calling Fine Tune.com. This is Susan.

B: Hi, _______________ please?

(a) There Sean is

(b) Sean there is

(c) Is there Sean

(d) Is Sean there

13 A: I have such a runny nose. I _______________ smell.

B: I see. When did it start?

(a) can hardly

(b) hardly can

(c) can't hardly

(d) hardly can't

14 A: One of my friends died of cancer.

B: What _______________!

(a) the pity

(b) pity

(c) pities

(d) a pity

Part II　　**Choose the best answer for the blank.**

15 When the rescue team got there, he _______________ stuck in his overturned car for over 14 hours.

(a) is

(b) was

(c) has been

(d) had been

16 The movie _______________ by the time Nelson got back with some more popcorn for his girlfriend.

(a) has already begun

(b) would already begin

(c) had already begun

(d) already began

17 Because I looked younger for my age, I _______________ to provide identification.

(a) often ask

(b) was often asked

(c) have often asked

(d) often asked

18 All the participants were made _______________ to the auditorium.

(a) move

(b) moving

(c) moved

(d) to move

19 WIBRO, the wireless broadband Internet service, _______________ operation in June 2006.

(a) first brought into

(b) has first brought into

(c) was first brought into

(d) has first been brought into

20 It was Socrates _______________ said, "As for me, all I know is that I know nothing."

(a) who

(b) whose

(c) whom

(d) which

21 The new football pitch, _______________ for the city's young football players, is undergoing a large-scale renovation.

(a) build

(b) built

(c) is building

(d) which built

Actual Test

Part III Identify the option that contains an awkward expression or an error in grammar.

22 (a) A: Rumor has it that our new catering manager believes in reincarnation.
　　(b) B: What? Are you saying that she was a Buddhist?
　　(c) A: I don't know. But I don't think you have to have a religion to believe in things like that.
　　(d) B: You've quite right. In fact, my wife is interested in those sorts of ideas as well.

23 (a) A: Robi, is that you? Didn't you go to China for a seminar?
　　(b) B: Yeah. I'm going there with Steve.
　　(c) A: What were you doing here then? You should be at the airport by now.
　　(d) B: I know. Steve left some important files in his office and we had to come back to get them.

Part IV Identify the option that contains an awkward expression or an error in grammar.

24 (a) The Blue Whale, considered to be the largest mammal ever to have existed, belongs to the suborder of baleen whales. It grows to be up to 181 metric tons or more in weight and 33 meters in length. (b) It feeds mainly on krill, small fish and sometimes squid. (c) After a whalers' ruthless hunting spree in the early twentieth century, rarely these gigantic animals were spotted. (d) They have been carefully protected since they were close to extinction.

25 (a) Get our *Men's World* magazine delivered to your door now. (b) It only costs $ 99.99 for one year if you subscribe to it by the end of this month. (c) That's 15% off the original price. We're also giving away a limited number of rewritable DVD disk packets with your subscription, so you have to hurry. (d) When you want to stop your subscription, just called us on 234-3456-4563 or do some clicking on our website: www.mensworld.com.

New TEPS MASTER 750

Vocabulary

Chapter

01 | 이디엄

Word Clinic

absent-minded
건망증이 있는, 얼이 빠져 있는

at bay 궁지에 몰린

at large 붙잡히지 않고, 도주 중인

at stake 위기에 처한

be a fine one to talk 사돈 남 말하다
(= Look who's talking.)

come to a halt 멈추다, 정지하다

cope with 대처하다, 극복하다

cram for ~을 대비해서 벼락치기 공부를 하다

cut a deal 계약을 맺다, 합의하다

cut to the bone 최대한으로 줄이다/깎다

Don't count your chickens before they are hatched.
김칫국부터 마시지 마라.

drown in ~에 압도당하다

Face it. 솔직히 말해. 현실을 직시해.

fret about ~에 대해 걱정하다, 초조해하다

get going 나서다, 출발하다

get into the swing of ~에 익숙해지다

Give me a break.
말도 안 되는 소리 하지 마.

green-eyed 질투가 심한

green-fingered 원예에 재능이 있는
(= have green fingers)

hang in there (곤란을) 견디다, 버티다

have a word with
~와 잠깐 이야기를 나누다

hit on 생각해내다

hit the jackpot 땡잡다, 대성공하다

I can't hear myself think.
시끄러워서 생각을 할 수가 없어.

in hot water 곤란에 처해

It's on me. 내가 낼게.

leave no stone unturned
백방으로 노력하다

on the nose 정확하게, 완벽하게

out of one's mind 제정신이 아니다

out of order 고장 난

out of service
사용/운전 정지되어, 퇴직하여, 일자리를 잃고

out of stock 품절되어, 매진되어

pay off 전액 지불하다, 성과를 거두다

pig-headed 고집 센

propose to ~에게 청혼하다

put all one's eggs in one basket
한 곳에 모든 것을 걸다

ring a bell 생각이 나다, 언뜻 기억나다

rip off 바가지 씌우다

run in the family 집안 내력이다

run into 우연히 만나다

scare ~ to death ~를 겁에 질리게 하다

self-righteous 독선적인

single-handed 단독의, 독립의

stingy 인색한

suffocate 질식시키다

swear 욕하다, 맹세하다

take it out on ~에게 분풀이하다

tell off 야단치다

That's it. 큰일 났다. 이제 끝장이다.

There you go. 그런 거지 뭐.

throw in 공짜로/덤으로 주다

wear the pants 주도권을 쥐다

You('ve) got a deal.

거래가 성사되었습니다.(= It's a deal.)

Actual Test

Part I **Choose the best answer for the blank.**

1 A: I like your eyes. I can't resist admiring them.
B: I think it _________________ in the family. You should see my sister's.

(a) has
(b) runs
(c) comes
(d) makes

2 A: _________________ it. You're downloading it illegally.
B: I know. But it's everywhere on the Internet.

(a) Send
(b) Keep
(c) Tell
(d) Face

3 A: I didn't come to school to take exams today.
B: You're absolutely out of your _________________.

(a) spirit
(b) mind
(c) head
(d) brain

4 A: Will you stay for a cup of tea?
B: No thanks. I'd better _________________ going.

(a) have
(b) cut
(c) turn
(d) get

5 A: I'll buy the computer if you throw in a keyboard.
B: OK. You've got a _________________.

(a) deal
(b) cut
(c) mouth
(d) set

6 A: Let's order something to drink. It's ______________ me.

B: No, you paid last time too. I'll pay.

(a) to   (b) with

(c) from   (d) on

7 A: I like Nick as much as Russel and they both proposed to me.

B: You really should put all your ______________ in one basket.

(a) coins   (b) potatoes

(c) eggs   (d) clothes

8 A: Nancy, the cheapest girl ever, is always complaining about her boyfriend being stingy.

B: She is a fine one to ______________!

(a) see   (b) go

(c) look   (d) talk

9 A: You should take care of your plants in the garden. They are dying.

B: I try but I'm not that ______________.

(a) green-handed   (b) green-fingered

(c) green-eyed   (d) green-armed

10 A: I hate my boss. It's time I left.

B: Just try to ______________ in there. I hear he's going to be fired soon.

(a) be   (b) go

(c) set   (d) hang

Actual Test

11 A: I'm thinking about buying a new fridge.

B: A new fridge? Give me a _________________. It's just two years old.

(a) lift
(b) hand
(c) break
(d) breath

12 A: Let's go find a quiet place. I can't ________________ myself think.

B: Good idea. I was just about to leave.

(a) get
(b) watch
(c) turn
(d) hear

13 A: There's a good movie tonight. Do you want to see it?

B: I'm afraid not. I'm ________________ in house chores.

(a) soaking
(b) suffocating
(c) swimming
(d) drowning

14 A: Are you ready for your history exam tomorrow?

B: More or less. I just ________________ for it all day today.

(a) switched
(b) flew
(c) jumped
(d) crammed

15 A: Who wears the ________________ in your family?

B: Mom does. She's the one that makes money, so there you go.

(a) shoes
(b) caps
(c) shirts
(d) pants

16 A: We left no stone ________________ to attract more customers for the months to come.

B: You really did. I hope it finally pays off.

(a) unturned
(b) displaced
(c) misused
(d) unwanted

17 A: We must cut a deal with them. The entire company is at ________________.

B: Sure. We'll lose everything if we fail.

(a) bay   (b) stake

(c) large   (d) rest

18 A: My dad is so ________________ that he often forgets to flush.

B: Oh, that's a bit too gross.

(a) pig-headed   (b) self-righteous

(c) absent-minded   (d) single-handed

19 A: A guy called Angelo asked me about you. Who is he?

B: The name ________________ but I still can't remember where I heard it.

(a) cuts to the bone   (b) hits the jackpot

(c) comes to a halt   (d) rings a bell

20 A: Do you carry black cutting boards?

B: Sorry, black ones are ________________ at the moment. What about red ones instead?

(a) out of service   (b) out of order

(c) out of stock   (d) out of doors

21 A: Alex seems to be having difficulty working here.

B: It's just his second day. He'll be okay once he gets into the ________________ of it.

(a) base   (b) swing

(c) top   (d) skin

Actual Test

22 A: Oh, my! I think I've done something wrong to Dad's cell phone. It's dead.
　 B: That's done it. You'll be _________________ when Dad finds out.

(a) in the bag　　　　　　　　(b) in his good books
(c) in the can　　　　　　　　(d) in hot water

23 A: I've got a job interview tomorrow and I'm already nervous.
　 B: Don't _________________ it. You'll be alright.

(a) fret about　　　　　　　　(b) look to
(c) cope with　　　　　　　　(d) wait on

24 A: What's this noise coming from the hall?
　 B: It's the teacher _________________ Gwen for swearing.

(a) ripping off　　　　　　　　(b) picking up
(c) hitting on　　　　　　　　(d) telling off

25 A: Do you remember I often put a frog in your school bag when we were little?
　 B: Oh, yeah. It _________________ me to death every time.

(a) scared　　　　　　　　　　(b) threatened
(c) warned　　　　　　　　　　(d) leaped

26 A: Hank Aaron, the all-time home-run leader, says it's still not easy to hit the ball
　　 on the _________________.
　 B: I think he is a very honest man.

(a) teeth　　　　　　　　　　(b) head
(c) mouth　　　　　　　　　　(d) nose

27 A: Mr. Blondal, can I have a _________________ with you for a minute?
　 B: Sure. But have I done something wrong in my report?

(a) word　　　　　　　　　　(b) speech
(c) gossip　　　　　　　　　　(d) lecture

28 A: I'm pretty sure it's a boy. My wife thinks so.

B: Don't count your chickens before they're ________________.

(a) cut
(b) drawn
(c) hatched
(d) cooked

29 A: How many times do I have to tell you to leave me alone!

B: Well, you shouldn't ________________ it out on me after you got dumped by your boyfriend.

(a) put
(b) pass
(c) throw
(d) take

Part II   Choose the best answer for the blank.

30 I ________________ into Joy on the way to the supermarket.

(a) get
(b) ran
(c) bring
(d) pass

Chapter
02 연어

Word Clinic

a close call 구사일생, 위기일발
aesthetic 심미적인
alienate 사이를 벌어지게 하다
ambiguous 애매한
articulate 명확히 표명하다
at any rate 어쨌든
bandy 굽은
be a far cry from ~과는 전혀 다르다
bequeath 유언으로 증여하다
best man 신랑 들러리
boost 밀어 올리다
chemical fertilizer 화학 비료
cockroach 바퀴벌레
corporation tax 법인세
cutout 오려내기, 차단기
dead end 막다른 곳, 궁지
demotion 좌천, 강등
deplore 책망하다, 비난하다
eccentric 괴상한, 이상한
eradicate 근절하다, 박멸하다
estranged 소원해진, 사이가 틀어진
exchange rate 외환 시세, 환율
fiber glass 섬유 유리
fill a prescription
처방약을 조제하다
(= make up a prescription)
flash a smile 살짝 미소를 보내다

fresh evidence 새로운 증거
generate 산출하다
immaculate 티 없이 깨끗한, 완전한
improvised 즉석에서 만들어낸, 급조의
in a row 연속으로
inane 얼빠진
incompetent 무능한, 부적격의
inheritance tax 상속세
intricate 뒤얽힌, 복잡한
irradiate 방사선 처리하다
keen 날카로운, 예리한
laminated glass 합판/안전 유리
lift 개다, 걷히다
ludicrous 우스운, 어이없는
make light work 손쉽게 하다
mediocre 보통의, 평범한
notion 개념, 관념
obsolete 못쓰게 된, 시대에 뒤떨어진
on schedule 시간표 대로
opaque 불투명한
oval 타원형의
pairing 같은 편을 이룸
pest 해충
perpetrate 범하다, 저지르다
posterior 뒤쪽의
property tax 재산세

reciprocate (애정, 은혜 따위에) 보답하다

rectangle 직사각형

refined 정제된

replenish 다시 채우다

right angle 직각

rundown (구두) 요약

sales rep 영업사원
(= sales representative)

sloppy 진흙투성이의, 너저분한

squander 낭비하다

straight angle 평각(180°)

straight face 진지한 표정, 태연한 얼굴

superfluous 남아도는, 불필요한

supplant 대신하다, 대체하다

supplement 보충

takeoff 출발, 이륙

tangy (맛이) 톡 쏘는

tax return 소득세 신고서

transient 일시적인

turn a blind eye 보고도 못 본 체하다

turnaround (처리) 소요시간

ulterior 이면의, 숨은

up-to-date 최신의

valid 유효한

value added tax 부가 가치세

vegetate 무기력하게 지내다

void 텅 빈, 공허한

Actual Test

Part I   Choose the best answer for the blank.

1   A: I asked Harry to be my best _________________ at my wedding and he said he will.

B: Well done. So, is everything ready now?

(a) man   (b) mate

(c) fellow   (d) crew

2   A: You need to meet with Mr. Roberts sometime next week.

B: Well, I might be on a business trip but at any _________________, I'll be back by Wednesday.

(a) interest   (b) concern

(c) rate   (d) fee

3   A: Will you be dropping into the drug store on your way?

B: Yeah, shall I get your prescription _________________?

(a) carried   (b) run

(c) tuned   (d) filled

4   A: You should try the new computer lab. It's awesome.

B: It's great, isn't it? But you need to get a new _________________ student ID card issued beforehand.

(a) valued   (b) void

(c) valid   (d) varied

5   A: Excuse me. I was wondering if the flight 742 is on schedule.

B: Sorry. It is because of dense fog. It'll take some time for the fog to _________________.

(a) turn   (b) cut

(c) hit   (d) lift

6 A: I'm back to ask some questions about my tax return.

B: Sorry, sir. All the consultants are _________________ other clients at the moment.

(a) raising
(b) examining
(c) introducing
(d) seeing

7 A: It seems as if Jason is always at the gym exercising every night and day.

B: You bet. But it's sort of strange that his sister Amy is a(n) _________________ from him, smoking and drinking like there's no tomorrow.

(a) opposite direction
(b) far cry
(c) dead end
(d) close call

8 A: It is reported that it takes passengers at least one hour to collect their baggage.

B: It's too inconvenient. Get the _________________ improved.

(a) cutout
(b) takeoff
(c) rundown
(d) turnaround

9 A: I didn't know chemical fertilizers could eventually ruin the quality of the soil.

B: Not only that. They speed up water _________________ as well.

(a) demotion
(b) pollution
(c) notion
(d) operation

Part II   Choose the best answer for the blank.

10 _________________ is imposed on the money or property that your parents bequeath to you when they die.

(a) Corporation tax
(b) Property tax
(c) Inheritance tax
(d) Value added tax

Actual Test

11 Try to find the best _______________ rate before you head to a foreign country.

   (a) currency   (b) bill

   (c) exchange   (d) fund

12 If you think your shoes are too tight, _______________ them using the Velcro.

   (a) loosen   (b) tighten

   (c) shorten   (d) lengthen

13 He _______________ a shy smile and asked me to have dinner together sometime.

   (a) took   (b) flew

   (c) flashed   (d) hung

14 All rectangles and squares have four _______________ angles.

   (a) right   (b) straight

   (c) sharp   (d) bent

15 My younger brother enjoys collecting pests, cockroaches for example, which is just one of his_______________ hobbies.

   (a) aesthetic   (b) eccentric

   (c) estranged   (d) essential

16 For places where privacy is considered to be important, _______________ glass is frequently used.

   (a) oval   (b) laminated

   (c) fiber   (d) opaque

17 Kay's job requires a very powerful computer, so he always upgrades his computer to the most ________________ model every half year.

    (a) obsolete   (b) up-to-date

    (c) superfluous   (d) ambiguous

18 Sales reps should be able to ________________ the reasons at all times why customers need to buy the product.

    (a) deplore   (b) reciprocate

    (c) irradiate   (d) articulate

19 Wireless power charging technology is on the horizon, which will completely ________________ the existing battery chargers.

    (a) eradicate   (b) supplant

    (c) generate   (d) perpetrate

20 I find it ________________ that diet pills can possibly replace what we eat now in the near future.

    (a) mediocre   (b) ludicrous

    (c) comprehensive   (d) transient

21 It is necessary that children be taught not to ________________ their classmates for any reason.

    (a) squander   (b) replenish

    (c) alienate   (d) vegetate

22 People tend to turn a ________________ eye to the ethnic minorities in this country.

    (a) bandy   (b) blind

    (c) sharp   (d) keen

Actual Test

23 The population density gap between _______________ areas and rural towns is
becoming wider and wider.

    (a) urban   (b) civil

    (c) refined   (d) inane

24 Our competitors suspect that we have some sort of _______________ intention
behind our friendly gestures.

    (a) exterior   (b) superior

    (c) ulterior   (d) posterior

25 Two heads are better than one just as many hands make _______________ work.

    (a) large   (b) right

    (c) light   (d) sloppy

26 It was so difficult to keep a _______________ face that I couldn't resist laughing.

    (a) big   (b) thick

    (c) straight   (d) hard

27 I do the cleaning and my wife does the cooking and it turned out to be a wonderful
_______________.

    (a) grouping   (b) arrangement

    (c) pairing   (d) supplement

28 The _______________ coach of the football club finally got fired after the recent
five defeats in a row.

    (a) incompetent   (b) improvised

    (c) intricate   (d) immaculate

29 Many are highly dubious about the expectation that an FTA between Korea and the USA will ________________ Korea's exports to the USA.

(a) blast   (b) blow

(c) bomb   (d) boost

30 A group of government agents have discovered more ________________ evidence of terrorists' involvement in the explosion site.

(a) fresh   (b) severe

(c) warm   (d) tangy

Chapter 03

어근과 2어 동사

Word Clinic

aggravate 악화시키다
aggregate 모으다, 합계 ~이 되다
assault 구타하다, 폭행하다
at short notice 당장에, 급히
attribute ~덕분으로 돌리다(to)
autopsy 부검
bend to ~에 굴복하다, 힘을 쏟다
break up 헤어지다, 끝내다
bump into ~와 우연히 만나다
bundle up 따뜻하게 몸을 감싸다
catch out 간파하다
chickenpox 수두
chip in (돈을) 갹출하다
cock up 실수하다, 망치다
come by 지나는 길에 들르다, 손에 넣다
complete with ~이 완비된
consistent 일관된, 언행이 일치된
constrict 수축시키다, 억제하다
contagious 전염성의
contemporary 동시대인
contradictory 반대론의, 부정적 주장의
controversial 논쟁의, 논의의 여지가 있는
cut in 끼어들다, 말참견하다
diagnosis 진찰, 진단
ember 타다 남은 것
establish 확인하다, 입증하다

evict 퇴거시키다, 쫓아내다
fall into ~에 빠지다, (어떤 상태로) 되다
be fed up with ~에 물리다, 싫증나다
fraught with (위험, 어려움, 문제 등이) 따르는
get by 그럭저럭 헤어나다, 지나가다
go off (자명종, 경보기가) 울리다
gravity 중력
hand in 제출하다
input 투입
insight 통찰력
let in 들어오게 하다
longevity 장수
malpractice 직무상 과실, 의료 과오
nippy 살을 에는 듯한
numb with (충격, 두려움, 슬픔)으로 멍한
ointment 연고
overcome 이기다, 극복하다
overdraw 초과 인출하다
overdue 늦은, 연체된
overhear 엿듣다, 우연히 듣다
overreact 과잉 반응하다
overrule 기각하다
overtake 따라잡다
paralysis 마비, 중풍
parenthesis 괄호( )
pimple 여드름, 뾰루지

plunge into 뛰어들다

precaution 예방 조치

predicament 곤경, 궁지

prejudice 편견

prerequisite 필요조건

push in 끼어들다

put through (전화를) 연결하다

rebuke 비난하다, 꾸짖다

recount 자세히 말하다, 열거하다

redeem 되찾다, 벌충하다

rehearse 연습하다, 시연하다

relieve 경감하다, 완화하다

renounce 포기하다, 끊다

replace 대체하다, 갈다

reserve 남겨두다, 떼어두다

resolve 결심하다, 해결하다

revolve 회전시키다

run down 줄다, 감소하다, 쇠퇴하다

be saturated with
　~로 충만하다, ~에 젖어 있다

screen for 검사하다

slam down (문을) 쾅 닫다

solace 위로, 위안

solidity 고체성, 내용이 비지 않음

solitude 고독

solvent 용매, 해결책

stack 쌓다

stamp 짓밟다

startle 깜짝 놀라게 하다

starve 굶어 죽다

stick to 충실하다, 끝까지 해내다

stir (감정을) 일으키다

strive 노력하다, 애쓰다

surgeon 외과 의사

surveyor 조사관, 감독

survivor 생존자

suspect 용의자

synergy 상승 작용/효과

synthesis 종합, 통합

take a day off 하루 휴가를 내다

tenant 임차인

theology 신학

transfer 전임시키다

transition 변화, 이동

translation 번역, 통역

transmission 전송, 전달

transmit 전달하다

transport 수송하다, 운송하다

tune in 주파수를 맞추다

unwittingly 자기도 모르는 사이에, 우연히

vacancy 공백, 공허, 공터, 빈 방

vanity 허영심

vicinity 근처, 부근

whip up 선동하다, (음식을) 재빨리 만들다

Actual Test

1   A: So what you mean is I need to take an English test and turn in the score.
B: Yes. A good command of English is a _________________ for entering American
colleges.

(a) prejudice
(b) precaution
(c) predicament
(d) prerequisite

2   A: I was told prolonged droughts are affecting almost all of Europe.
B: I heard that too. Tens of thousands of people are _________________ over there.

(a) striving
(b) stamping
(c) startling
(d) starving

3   A: They say 16 _________________ from the shipwreck were rescued off the coast of
the island.
B: That's good news.

(a) surveyors
(b) suspects
(c) survivors
(d) surgeons

4   A: I don't understand the judge. He seems to be taking sides.
B: Right. He's _________________ almost all the objections from the defendant's
attorney.

(a) overruled
(b) overtaken
(c) overcome
(d) overreacted

5   A: You're late. The game has started.
B: The _________________ was a lot heavier than usual. It took two hours to get
here.

(a) translation
(b) transmission
(c) transition
(d) traffic

6 A: Did you see *Home Alone* on TV last night?

B: Sure, and my mother endlessly _______________ her childhood memories, watching it.

(a) responded   (b) repaired

(c) recounted   (d) redeemed

7 A: How was the ointment I told you to put on your pimples?

B: In fact, it _______________ them.

(a) aggravated   (b) aggregated

(c) assembled   (d) assaulted

8 A: I'd like to speak to Mrs. Jones, please.

B: Hold on a second. I'll _______________ you through.

(a) carry   (b) send

(c) cut   (d) put

9 A: I don't think I can _______________ my report by the deadline.

B: Go ask for an extension before it's too late.

(a) hand in   (b) push in

(c) run in   (d) keep in

10 A: We need more money for the months to come.

B: There is still some left in the bank account. We can _______________ on it for a while.

(a) break up   (b) catch out

(c) get by   (d) come by

11 A: Let's have a break, shall we?

B: Sounds like a good idea. I'm getting ________________ going through this pile of documents.

(a) fired up at
(b) mad about
(c) easy on
(d) fed up with

12 A: It's unfair to ________________ Brad at short notice to such a remote area.

B: It can't be helped. His performance for the last two quarters was just so miserable.

(a) transmit
(b) transport
(c) translate
(d) transfer

13 A: What an old computer!

B: I know. I'm actually thinking about ________________ it.

(a) replacing
(b) rebuking
(c) renouncing
(d) rehearsing

14 A: You should see the doctor and get ________________ for any problems.

B: I will. But the hospital is closed for renovation.

(a) covered
(b) filmed
(c) screened
(d) taped

15 A: I ________________ into Russell Crowe at a restaurant downtown.

B: Russel Crowe? You've got to be joking. Who was he with?

(a) fell
(b) bumped
(c) hooked
(d) plunged

16 A: Have you decided what to buy for Miriam's birthday?

B: No, not yet. How about we all ________________ in some money and change her cell phone?

(a) chip　　　　　　　　(b) cut

(c) let　　　　　　　　　(d) tune

17 A: My wife is in the hospital and I've been too busy to find somebody to take care of my kids.

B: ________________ a couple of days off and get one.

(a) Call　　　　　　　　(b) Lay

(c) Keep　　　　　　　　(d) Take

18 A: I quit my job again. I want to do something else.

B: Sometimes you need to ________________ to what you're good at.

(a) hit　　　　　　　　　(b) bend

(c) burn　　　　　　　　(d) stick

19 A: It's quite nippy today. You'd better ________________ up in a warm jacket.

B: I need to go to the post office but I should stay in then.

(a) stack　　　　　　　　(b) bundle

(c) whip　　　　　　　　(d) cock

Part II　　**Choose the best answer for the blank.**

20 Doctors have to be extremely careful with their ________________ to avoid any medical malpractice.

(a) diagnosis　　　　　　(b) parenthesis

(c) synthesis　　　　　　(d) paralysis

Actual Test

21 Tenants will be evicted when their rent is more than six weeks ______________.

(a) overworked   (b) overdrawn
(c) overheard   (d) overdue

22 Her stories unwittingly provided ______________ into the difficulties she had to face.

(a) remark   (b) insight
(c) reflection   (d) input

23 Most of the oldest living people attribute their ______________ to what they eat.

(a) longevity   (b) gravity
(c) vicinity   (d) vanity

24 Chickenpox is a highly ______________ disease; it spreads rapidly to other children.

(a) constricting   (b) conscious
(c) contagious   (d) consistent

25 I'd appreciate all kinds of ______________, if not controversial, proposals from each and every department.

(a) convincing   (b) concrete
(c) contemporary   (d) contradictory

26 It is necessary that a(n) ______________ be carried out to establish the cause of her death.

(a) vacancy   (b) theology
(c) autopsy   (d) synergy

27 As soon as he forced the door open, the door alarm ________________ automatically.

    (a) slammed on   (b) put off

    (c) ran down   (d) went off

28 When your relationship is ________________ arguments and suspicion, it is time to stir the embers of mutual understanding and trust.

    (a) saturated with   (b) complete with

    (c) numb with   (d) fraught with

29 I quickly finish my lunch and ________________ the rest of lunch time for reading a book.

    (a) resolve   (b) revolve

    (c) reserve   (d) relieve

30 Whenever he was left alone, music and a glass of wine was a good ________________.

    (a) solitude   (b) solace

    (c) solvent   (d) solidity

Chapter 04

혼동하기 쉬운 어휘

Word Clinic

accent 말투, 사투리

accommodating 호의적인, 친절한

address 연설하다, 말을 걸다, 주소를 쓰다

assure 보증하다, 안심시키다

balance 수지타산을 맞추다

broad (사투리가) 강한

butcher 정육점 (주인)

celebrity 유명 인사

circumstances 상황

collision 충돌

commission 위임, 수수료

commit 넘기다, 위탁하다

commotion 소동

compatible 양립할 수 있는, 조화하는

condescending 생색내는 듯한

conduct 안내하다

confirm 확인하다, 확증하다

confirmed 굳어진, 확인된

confiscate 압수하다, 몰수하다

connotation 암시

conspicuous (남의) 이목을 끄는, 두드러진

daunted 풀이 죽은

determined 굳게 결심한

dialect 방언, 지방 사투리

discard 버리다, 폐기하다

disorientation 방향 감각 상실

donate 기증하다

dormitory 기숙사

eaves 처마

endorse 배서하다

enervating 무기력하게 하는, 기운을 빼는

equitable 공정한, 합리적인

evacuate 피난하다

expect 기다리다, 기대하다

fall out 싸우다, 사이가 틀어지다

fare (교통편의) 운임, 요금

fee 수수료, 요금

foretell 예언하다

fundraising 모금 활동

headstrong 고집불통의

humiliated 자존심이 상한

ice cubes 각 얼음

ice pick 얼음 깨는 송곳

iceberg 빙산

icicle 고드름

identical 동일한, 꼭 일치하는

immerse 담그다, 적시다

imminent 절박한

immoral 부도덕한

immortal 불사의

inevitable 부득이한, 당연한

insure 보험에 들다

intimidated 겁먹은, 두려워하는

intrude 들이밀다, 침입하다

irreverent 불손한

leave of absence 결석 허가

make believe ~인 체하다

make sure 확실히 ~하다, 확인하다

mess 난장판, 어질러 놓은 것

moss 이끼

muse 명상하다, (깊이) 생각하다

nocturnal 밤의, 야행성의

nominee 임명된 사람

plausible 그럴듯한

presumptuous 건방진, 뻔뻔스러운

price index 물가 지수

profit 이익, 수익

promising 장래성 있는, 전도유망한

put down ~탓으로 하다(to)

radical 과격한, 급진적인

rate 급료, 운송료

recapitulate 요약하다, 반복하다

refugee 난민, 망명자

registrar 학적 담당 사무원

registry 등록

reimburse 변상하다, 상환하다

rent 임대하다, 세놓다

replicate 모사하다, 복제하다

resident 거주자

retreat 물러서다, 후퇴하다

rotate 회전시키다, 회전하다

solicit 구걸하다

state 상태, 사태

stubborn 완고한, 완강한

surroundings 주위 환경

tone 어조

torrential rain 폭우

undo 원상태로 돌리다, 복구하다

vacate (집을) 비우다

walk of life 지위, 직업

warrant 보증하다

Actual Test

Part I   **Choose the best answer for the blank.**

1 A: Sorry, I made a ________________.
B: That's ok. I'm an excellent cleaner.

(a) moss   (b) miss
(c) muse   (d) mess

2 A: I'm here to see Mr. Anderson. Is he in?
B: Yes, but is he ________________ you?

(a) foretelling   (b) expecting
(c) addressing   (d) conducting

3 A: Did you see the program about what's happening in Somalia?
B: Yes. Apparently hundreds of thousands of ________________ are looking for
shelter and food in neighboring countries.

(a) celebrities   (b) refugees
(c) nominees   (d) trainees

4 A: I fell out with my boyfriend over his ex-girlfriend last night.
B: That doesn't surprise me. You look so ________________.

(a) intimidated   (b) daunted
(c) humiliated   (d) depressed

5 A: I strongly disapprove of racism.
B: I agree. Racism mustn't be allowed under any ________________.

(a) circumstances   (b) environments
(c) surroundings   (d) states

6 A: Can you cash this traveler's check, please?

B: Yes. I'd like you to _______________ it on the back first.

(a) reimburse

(b) balance

(c) withdraw

(d) endorse

7 A: Have we renewed the contract with the landlord?

B: No, we haven't. He gave us a notice that we have to _______________ our rooms by the end of this month.

(a) evacuate

(b) dedicate

(c) rotate

(d) vacate

8 A: Lovely roses you've got there in the vase.

B: I stopped by the _______________ this afternoon. I bought them very cheaply.

(a) mall

(b) forest

(c) butcher

(d) dormitory

9 A: Did they find out what caused last night's fire in the factory?

B: Specialists _______________ it down to a gas leak.

(a) move

(b) carry

(c) put

(d) turn

10 A: I hear you've joined a wine drinking club.

B: Yeah. There are builders, teachers and musicians in our club, people from all _______________ of life.

(a) walks

(b) lines

(c) numbers

(d) ways

Actual Test

11 A: What do I have to do before I leave?

B: _________________ you switch off everything and lock the door.

(a) Make believe　　　　　(b) Make sure

(c) Make clear　　　　　　(d) Make good

12 A: I've sorted out the laundry, Dad.

B: Well done. You're very _________________.

(a) considerable　　　　　(b) soft-hearted

(c) helpful　　　　　　　(d) headstrong

13 A: Why does Eric keep buying expensive but unnecessary things?

B: Who knows? I'd call it some sort of _________________ consumption.

(a) presumptuous　　　　　(b) conspicuous

(c) inevitable　　　　　　(d) irreverent

14 A: Which party do you want to win this general election?

B: I don't care. But I'm on the opposition's _________________ to be honest.

(a) body　　　　　　　　(b) side

(c) hand　　　　　　　　(d) end

15 A: Excuse me. I'm afraid you'll have to leave. _________________ is not allowed here.

B: I wasn't asking for money or anything. I just needed some small change from him to make a phone call. I'm a customer too.

(a) Intruding　　　　　　(b) Soliciting

(c) Questioning　　　　　(d) Fundraising

16 A: I'm going backpacking this summer and I want to buy a _______________
computer.

B: Good idea. It'll be very useful and you can still travel light.

(a) laptop   (b) worktop
(c) desktop   (d) flat-top

17 A: Have you decided what to do with your house while you're gone?

B: I'm going to _______________ it to some college students for six months. They
seemed reliable.

(a) lend   (b) rent
(c) donate   (d) commit

18 A: Roger, did you get your tuition fee ready for the next semester?

B: Not really. The _______________ recommended I should take a leave of
absence.

(a) register   (b) registry
(c) registrar   (d) resident

19 A: I find this humidity and heat so _______________.

B: Be careful. It's not uncommon to faint in this kind of weather.

(a) condescending   (b) accommodating
(c) enervating   (d) promising

Part II   Choose the best answer for the blank.

20 Our school is _______________ against fire as well as some natural disasters just in
case.

(a) assured   (b) insured
(c) warranted   (d) confirmed

Actual Test

21 In spite of torrential rain during the night, there has not been any ________________ disaster reported from around the city.

    (a) immortal   (b) imminent

    (c) immoral   (d) immersed

22 ________________ are the money that you have to pay for a service or a piece of work.

    (a) Fairs   (b) Fees

    (c) Profits   (d) Rates

23 Once the hard disk drive is contaminated by a virus, it is very difficult to ________________ the damage done to the data.

    (a) undo   (b) cancel

    (c) retreat   (d) discard

24 Chronic lack of sleep can cause temporary disorientation but this particular condition is not ________________.

    (a) strong   (b) permanent

    (c) nocturnal   (d) radical

25 Given that even twins are not exactly alike, there is no possiblity of finding two people who are ________________ to one another in every respect.

    (a) compatible   (b) identical

    (c) equitable   (d) plausible

26 Most of her paintings depict the ________________ of two incompatible elements; free spirit and conventional constraints.

    (a) commotion   (b) collision

    (c) commission   (d) connotation

27 The Scots speak English with a broad ______________, which is also known as 'Scots.'

    (a) tone   (b) vocabulary
    (c) accent   (d) nuance

28 As a ______________ bachelor, he has been single for all his life.

    (a) confirmed   (b) promised
    (c) determined   (d) stubborn

29 Macroeconomics ______________ studies of GDP, unemployment rates, price indexes and so on.

    (a) replicates   (b) includes
    (c) recapitulates   (d) confiscates

30 When it is freezing cold outside, ______________ form at the eaves of houses.

    (a) icebergs   (b) ice cubes
    (c) icicles   (d) ice picks

Chapter 05 | 고난이도 어휘

Word Clinic

admonish 충고하다, 주의를 주다

afflict 괴롭히다

agility 민첩함, 명민함

an exercise in futility 부질없는 행동

anathema 파문, 질색

applaud 성원하다

astrophysicist 천체 물리학자

auspicious 길조의, 상서로운

babble 재잘거림

barren 불모의, 시시한

bellow 고함 소리

benevolent 자애로운

captivating 매혹적인

catastrophe 대재앙

commend 칭찬하다, 권하다

compelling 흡인력이 있는, 강력한

compliant 고분고분한, 시키는 대로 하는

condescending 겸손한 체하는, 생색내는 듯한

congruence 일치, 조화

consequence 결과

consistency 일관성

cozy 아늑한, 편안한

creepy 오싹한, 소름이 끼치는

crisp 바삭바삭한, 상쾌한

culpability 비난할 수 있음, 유죄

delectable 즐거운, 맛있는

delude 속이다

discriminating 심미안이 있는

emulate 따라하다, 모방하다

enunciate 명확하게 발음하다

fatuous 어리석은, 얼빠진

fertility 비옥, 풍부

filch 훔치다

flatter 아첨하다

flaunt 과시하다

flee 달아나다

flimsy 무른, 부서지기 쉬운

forge 모조하다, 위조하다

glass ceiling (직장 내에서 여성의 승진을 가로막는 보이지 않는) 유리 천장

golden goose 황금알을 낳는 거위

homogeneity 동종, 동질성

horrendous 끔찍한

hypocritical 위선적인

implicate 관계시키다, 말려들게 하다

inclined 하고 싶어 하는

ineptitude 부적절, 엉뚱함

ingenuity 발명의 재주, 고안력

insanity 정신 이상, 광기

irk 지겹게[지루하게] 하다

laconic 말수가 적은

latency 숨어 있음, 잠복

legitimacy 적법, 정당성

lenient 관대한

loquacious 수다스러운, 말이 많은

lucidity 명료, 투명

lucrative 돈이 벌리는, 수지가 맞는

ludicrously 우스꽝스럽게

luminously 밝게

malleable 영향 받기 쉬운

marginal 가장자리의, 최저의

meager 빈약한

merciful 자비로운

mesmerize 매혹시키다

meteorologist 기상학자

meticulous 꼼꼼한, 세심한

mournful 슬픔에 잠긴, 애처로운

murmur 속삭임, 중얼거림

obedient 순종하는

objectify 객관화하다

obscurity 불분명, 모호

omnipotent 전능한

opaquely 불투명하게, 흐릿하게

parity 유사, 일치

passionate 정열적인, 열심인

philanthropic 인정 많은, 박애(주의)의

prolific 다작의

reticent 과묵한, 입이 무거운

rigid 굳은, 뻣뻣한

ripple effect 파급 효과

rousing 고무하는, 활기찬

rummage 샅샅이 찾다, 뒤적거리다

seismologist 지진학자

sequel 속편, 후속

sham ~인 체하다, 가장하다

simulate ~인 체하다

spirited 힘찬, 활발한

stutter 말더듬

subdued 가라앉은, 차분한

tedious 지루한, 장황한

tentative 임시적인

top dog 최고 권력자

torpid (생각이나 행동이) 둔한, 굼뜬

unassuming 주제넘지 않은, 겸손한

unavailing 무효의, 무익한

vindictive 앙심을 품은, 보복적인

Actual Test

Part I   Choose the best answer for the blank.

1   A: Josie constantly criticizes others for being selfish, yet she never gives a penny of her own money to charity.
B: She is so _______________!

(a) philanthropic

(b) discriminating

(c) benevolent

(d) hypocritical

Part II   Choose the best answer for the blank.

2   Mark has been _______________ towards me since I refused to accept his offer.

(a) merciful

(b) obedient

(c) vindictive

(d) lenient

3   A safety inspector should be _______________ because even a minor oversight could result in a serious accident.

(a) meticulous

(b) negligent

(c) conscious

(d) passionate

4   Fiona _______________ her expensive new jewelry by wearing it to work every day.

(a) filches

(b) flees

(c) flatters

(d) flaunts

5   Invention requires a great deal of _______________.

(a) ineptitude

(b) agility

(c) ingenuity

(d) simplicity

6 The guests were left in a somewhat _________________ state when the hotel air-conditioner broke down.

    (a) rigid   (b) malleable

    (c) flimsy   (d) torpid

7 She _________________ a knee injury because she didn't want to play in the soccer team anymore.

    (a) deluded   (b) forged

    (c) misled   (d) shammed

8 The old hotel room I stayed in was so _________________ that I couldn't sleep.

    (a) crisp   (b) cozy

    (c) creepy   (d) anxious

9 The agreement was _________________ because not all of the members were in agreement.

    (a) final   (b) tentative

    (c) fatuous   (d) definite

10 Attempting to understand the mind of a lunatic is an exercise in _________________; it cannot be done.

    (a) fertility   (b) insanity

    (c) parity   (d) futility

11 With a body of work that included 277 books, Alexandre Dumas was one of the most _________________ authors of all time.

    (a) prolific   (b) meager

    (c) countless   (d) barren

Actual Test

12 Her business was so ______________ that she was able to retire at the age of forty-five.

    (a) compelling   (b) lucrative

    (c) competitive   (d) marginal

13 As usual, the discussion was dominated by the ______________ Mr. Hendrickson who spoke without stopping.

    (a) laconic   (b) reticent

    (c) subdued   (d) loquacious

14 Christians believe that God is all-powerful, or ______________.

    (a) unavailing   (b) omnipotent

    (c) anathema   (d) universal

15 I have difficulty understanding what she says because she's such a shy and quiet child who tends to speak in a low ______________.

    (a) stutter   (b) babble

    (c) bellow   (d) murmur

16 Police described the murder of the schoolgirl as a ______________ crime that would not go unpunished.

    (a) captivating   (b) horrendous

    (c) delectable   (d) auspicious

17 In the ten years since he was convicted of murder and sent to prison, he has worked tirelessly to prove his ______________ and regain his freedom.

    (a) culpability   (b) masculinity

    (c) innocence   (d) intention

18 Because of the inequality of employment opportunities for women, often referred to as _________________, they rarely advance to senior management positions.

    (a) the golden goose   (b) the ripple effect

    (c) the top dog   (d) the glass ceiling

19 Men prefer not to discuss their emotions, and are therefore _________________ to seek help for depression.

    (a) inclined   (b) agreeable

    (c) reluctant   (d) compliant

20 I would prefer a variety of brief and exciting assignments to the long and _________________ tasks my supervisor gives me each week.

    (a) rousing   (b) tedious

    (c) mournful   (d) spirited

21 The light from a digital clock shone _________________, painting the room with its greenish glow.

    (a) luminously   (b) heavenly

    (c) opaquely   (d) ludicrously

22 He would frequently act impulsively, without considering the _________________ of his actions.

    (a) consequences   (b) sequel

    (c) obscurity   (d) catastrophe

23 My dentist often _________________ me for not brushing and flossing on a regular basis.

    (a) implicates   (b) applauds

    (c) commends   (d) admonishes

Actual Test

24 Careful monitoring by neutral observers is required to verify the _______________ of election results.

(a) lucidity

(b) legislation

(c) legitimacy

(d) latency

25 The shopkeeper scolded the young customers for the careless way in which they were _______________ through the piles of used comic books.

(a) observing

(b) stealing

(c) rummaging

(d) examining

26 Weather forecasters are also known as _______________.

(a) meteorologists

(b) astrophysicists

(c) prophets

(d) seismologists

27 The crowd was _______________ by the dazzling fireworks display.

(a) appealed

(b) afflicted

(c) mesmerized

(d) irked

28 Terry believes he's superior to all of his coworkers and constantly speaks to them in a _______________ manner.

(a) condescending

(b) modest

(c) astonishing

(d) unassuming

29 We use a _______________ of different systems designed to meet our clients' needs.

(a) consistency

(b) variety

(c) homogeneity

(d) congruence

 Although Derek's father was distant and austere, Derek idolized him and tried to
_______________ him in every way.

(a) enunciate

(b) objectify

(c) simulate

(d) emulate

New TEPS MASTER 750

Reading Comprehension

Chapter 01

15초 안에 푸는 유형

Part I Read the passage. Then choose the option that best completes the passage.

1 Anacondas are a type of boa constrictor, a large snake that ________________ by coiling its powerful body around a victim and squeezing until the prey is either crushed to death and dies of internal bleeding, or is suffocated. At this point, an anaconda can dislocate its jaw, enabling it to swallow its food whole. Anacondas are large enough to eat humans, though this is very rare. They more commonly consume fish and other aquatic creatures.

(a) avoids attack
(b) transforms itself
(c) kills its prey
(d) demonstrates its intelligence

2 If you can "pinch an inch" around your belly, as the commercial used to say, there is too much fat on your body. But for many people, losing weight is difficult because overeating is a fixed response to a situation unrelated to hunger. They may be bored, stressed, or angry. In order to break this cycle, you must recognize the situations to which you ________________. For example, if you know that your typical response to boredom is to find something to eat, then you have already taken an important first step in changing the fixed response. You might create a list of things you want to accomplish next time boredom strikes you instead of opening the refrigerator.

(a) deny by ignoring
(b) respond by eating
(c) react by getting stressed
(d) reply by exercising

Part II Read the passage and the question. Then choose the option that best answers the question.

3 A grin. A hug. A squeeze of the hand. We often tend to overlook, and therefore underrate, these small gestures, though they enrich the quality of our lives. These things can be missed and underappreciated when we go through our days in rote fashion, living and working without paying attention to the good things in life. Simple displays of affection are completely free, yet their value is inestimable. If your smile brightens someone else's day, that person is more likely to pass it on. A word spoken in kindness or thoughtful conversation can brighten the worst of days.

Q. What is the main idea of the passage?

(a) A simple act of kindness is a valuable gift.
(b) Gestures have different meanings in different countries.
(c) We should always speak affectionately of others.
(d) A bad day can make you forget the good things in life.

4 Kathy Carson, senior vice president of sales and marketing for Spartacus of Chicago, notes that the first 10 paces a customer takes into a store are the most important moments. It is when they form a perception about the business, and possibly decide whether or not they will make a purchase there. "The first impression is the most important; what they see when they walk in the door," says Carson. Putting consumers at ease as soon as they enter helps ensure that it is a place they want to stay and shop. Characteristics of the store such as cleanliness, appearance and smell, temperature, color, and floor plan all combine to make a lasting impression.

Q. Which of the following is correct according to the passage?

(a) Customers are generally more comfortable shopping in large stores.
(b) An attractive window display can lure customers into a store.
(c) The appearance of the salesperson makes a lasting impression.
(d) An appealing store environment can boost sales.

Part III **Read the passage. Then identify the option that does NOT belong.**

5 Many motorists do not realize the importance of checking their car's lights before driving. (a) The quality of your car's battery makes a difference in how long the lights last. (b) Headlights help drivers determine where their car is located on the road itself, as well as in relationship to other vehicles. (c) Brake lights and blinkers communicate your movement to other drivers. (d) If these lights are not operating properly, drivers in other vehicles may not notice that you are going to stop or turn before it's too late.

Chapter
02　Part 1　빈칸 위치 상단

1　Many scientists now attribute ___________________ to factors other than the aging process. Indeed, few of us maintain perfect eyesight beyond middle age. Loss of vision is not inevitable, and there is no reason why the human eyes cannot maintain good vision beyond the age of 80. However, factors such as UV rays, pollution and nutritional deficiencies damage the eyes.

(a) the secrets of longevity
(b) one's level of happiness
(c) age-related vision loss
(d) blindness at birth

2　After you've packed your bags for your next flight abroad, take the extra step to ___________________. First, make sure your passport and visas are in order, as well as your health insurance. Also, many governments recommend registering your travel plans in case of emergencies, and leaving a copy of your itinerary with family or friends. Finally, protect yourself from crime by keeping your cash and travel documents on your person at all times.

(a) your home is properly insured in your absence
(b) talk to your travel agent about what lies ahead
(c) make sure your travel documents are in order
(d) be sure those bags fall within size and weight restrictions

3　Shortly after noon on Sunday, ___________________. Though there was some initial confusion about the parties involved, authorities determined that a small Cessna went into the airspace of a Cirrus SR22. Such crashes are very rare, which prompted an immediate investigation. Preliminary reports show that the Cessna pilot was not in communication with air traffic controllers. This is a dangerous but common practice among small plane pilots in good weather.

(a) the air traffic controller talked with the Cessna pilot
(b) a small airplane with the pilot and one passenger safely landed
(c) two single-engine private airplanes collided in mid-air
(d) all the planes were grounded due to severe weather

4 In Georgia, teenagers who wear their pants too low ___________________.
"Sagging" has become a popular fashion statement among youth, especially those
interested in hip hop culture. But many local leaders believe that the trend is
sending the wrong message. They believe sagging is indecent and inappropriate.
This controversial fashion statement has already been outlawed in most school
districts. However, if these leaders get their way, sagging will be a cause for legal
action off of school grounds as well.

(a) could end up paying steep fines or even getting arrested
(b) were considered responsible for the popularity of hip hop music
(c) claimed that they had the right to choose what to wear to school
(d) created a new fashion trend for teenagers and young adults alike

5 Retail stores are always looking for ways to ___________________. One way to do
this is to make sure that thieves aren't able to walk out with valuable merchandise or
cash. Retail theft is such a serious problem that managers often hire people who are
knowledgeable about how theft happens and what can be done to stop it. This
specialization is known as loss prevention. These employees investigate everything
from shoplifting and credit card fraud to embezzlement. Any customer who's ever
been captured on camera when they walk into a store, or noticed an electronic
security tag on their sweater, is familiar with at least one tactic investigators use to
reduce retail theft.

(a) fight thieves in courts of law
(b) make sure they don't lose profits
(c) protect themselves from being robbed
(d) turn dishonest workers into honest ones

Chapter

03   Part 1 빈칸 위치 중간

1 The long-held belief that schools favor boys is simply untrue. In fact, the opposite may be true. On most tests given in school, girls do better than boys. On average, boys ___________________. Girls take more difficult classes and participate more in student government and honor clubs. In addition, boys get kicked out more often, and are less likely to go to college.

(a) are a year and a half behind their female peers in reading scores
(b) usually do better than girls in science and math
(c) don't typically get teachers' attention as much as girls do
(d) are more likely to cause trouble at school than girls

2 Although many of the civilizations history considers great fell hundreds of years ago, anthropologists are still trying to figure out the exact causes of failure. However, in order to understand what makes a society fall into decline, social scientists first try to understand ___________________. Of course the main requirement is that leaders provide for the basic needs of the people. They must also make rules to ensure that grievances can be addressed and everyone understands their role in society. Most importantly, though, everyone must feel that their lives have meaning.

(a) where the early civilization came from
(b) how the great leaders in history ruled
(c) what makes a society successful
(d) why a society needs rules and regulations

3 For years, admirers of Vladimir Nabokov have been anxious to find out whether the last work of fiction by the celebrated author would go up in flames. In his will, the Russian writer requested that the fragments of the book, written on 50 index cards, be destroyed by fire after his death. After several threats that he would, in fact, carry out his father's wishes, Nabokov's son, Dmitri, recently came to the decision to

_______________________. The reason behind this change of heart was a vision. Dmitri claims his father came to him in a dream and told him to save the work since that was the only way to end a torturous moral dilemma.

(a) ask for the opinions of the admirers themselves
(b) burn the notes as his father wanted
(c) proceed with his plans to write a novel
(d) at long last have the work published

4 A recent study suggests that hyperactive behavior in children may be caused by food additives. Scientists discovered that some kids are allergic to the food dyes and preservatives present in processed foods. These allergic reactions, researchers say, may be linked to behavioral problems such as ADHD. Limiting a child's intake of these additives can lead to _______________________. However, this may be challenging as dyes and preservatives are present in everything from cereal and chips to the lunches that kids eat at school. Even seemingly healthy snacks like fruit juice can be chockfull of artificial coloring.

(a) the improvement of memory
(b) better absorption of nutrients
(c) severe allergic reactions in some kids
(d) significant improvements in behavior

5 While compact disc sales are steadily declining, it seems music technology from a generation ago is making a surprising comeback. Young people are not only buying classic recordings on vinyl, but they're also purchasing new music in this format. Record players, long considered _______________________, are also being sold in larger numbers. Many people may ask themselves why, in a time where thousands of songs can be stored on a device smaller than a credit card, some buyers would opt for the much bulkier vinyl record. However, for vinyl enthusiasts, the answer is simple: records sound better.

(a) competition for compact disks
(b) relics from a bygone era
(c) the highest quality music players
(d) an expensive impulse buy

Chapter 04 | Part 1 연결사

1 It would be difficult to count the number of religions in the world today, but the four most widely practiced religions, Christianity, Islam, Hinduism and Buddhism account for 83% of all religious people in the world. Adherents to each faith believe theirs is the correct one. Even though many conflicts arise because of this, there are actually many similarities among them. _________________, Christianity and Islam both believe in one god, have similar prophets and have many of the same laws. Buddhism grew from the teachings of Hinduism. Both of these emphasize the illusory nature of the world and a cycle of death and rebirth. All four teach about an afterlife, which is one of the main goals of earthly life.

(a) In contrast
(b) For example
(c) Meanwhile
(d) In conclusion

2 Hoping to give its young citizens an edge in a global economy, many governments have begun subsidizing early education programs. The expectation is that children who have this head start will ultimately learn more in shorter periods of time. _________________, critics cite evidence to the contrary. Sweden is one such country that has state-sponsored preschool programs for infants as young as one. One might expect Swedish children to earn top marks on international standards tests, especially compared to their demographically identical neighbor, Finland (whose children do not attend school until age seven). Yet Finnish children consistently outperform their Swedish rivals.

(a) However
(b) For instance
(c) Therefore
(d) In general

3 One of the most surprising aspects of many democratic countries is that their citizens don't vote. It seems that for a large percentage of people, the idea that by voting, one person can have an impact on the nation doesn't resonate. When asked why they stay away from the voting booth, many people say that they feel it doesn't matter one way or the other, or that one vote can't possibly make a difference in a big election. ____________________, some of the most cynical opinions about voting come from young people who have become disillusioned by empty political promises.

(a) Still

(b) In addition

(c) As a result

(d) On the contrary

4 It's common knowledge that smoking, eating the wrong foods, and failing to get enough exercise are all contributors to poor health. But not many people truly understand that one of the most serious threats to well-being is stress. Medical professionals have known for years that stress can lead to serious physical and mental disorders. Research has shown that individuals who experience high levels of stress have high blood pressure, which affects cardiovascular health. In addition, stress not only worsens preexisting medical conditions, such as diabetes, but it may also suppress the body's ability to fight off illness. ____________________, it is important to understand the risks associated with life's pressures.

(a) Likewise

(b) In contrast

(c) Therefore

(d) However

5 Most occidental newspapers refrain from commentary in the front-page news. Opinion and comment generated by freelance as well as staff writers are welcome, but are generally reserved for inside pages. In Great Britain, ____________________, tabloids do not show such restraint, appending page-one stories with editorial comment. *The Times of India* has followed its British roots in this manner, including three-line comments at the end of front-page news articles.

(a) also

(b) additionally

(c) however

(d) therefore

Chapter 05

Part 1 빈칸 위치 하단

1 The famous French painter Claude Monet is one of the founders of the impressionist style of painting. Known for abstract images emphasizing color over form, Monet's series of *Haystacks* is a perfect example of impressionism. Monet would stand at precisely the same spot and paint the same image day after day, in order to capture it in different light. Many contemporary artists have copied Monet's *Haystacks*, hoping to learn the secret of his perfect ability to ___________________.

(a) represent the haystacks with remarkable realism
(b) turn abstract concepts into concrete images on canvas
(c) create new art forms from new and unique materials
(d) see subtle light variations at different times of day

2 It's a well-known fact that a full night's sleep is important for effective learning. But scientists have discovered that for some students, not getting enough rest does not necessarily mean that their grades will fall. In a recent study, the ability of volunteers to memorize certain information was tested twice: once after eight hours of sleep and again after they were kept up all night. Scientists found that volunteers whose brains produced more of a chemical called dopamine were more alert and able to retain information even when they were tired. It seems that dopamine tricks the brain into ignoring ___________________.

(a) a feeling of sleepiness
(b) memorized information
(c) important chemicals
(d) excess energy levels

3   Reincarnation, the belief that human and animal spirits repeatedly come back to Earth in many forms, is a basic tenet of Hinduism. In the next life, souls move up or down a social hierarchy depending on their behavior in this life. This belief is evident in many societal customs such as the caste system. Charity is rarely received because Hindus believe that each individual earned whatever lot has been granted him at birth. Wealthy individuals were born into such a high class because they behaved well in their previous life, and a person born into poverty deserves it because of ___________________.

   (a) sins committed by their parents
   (b) having overcome a similar fate
   (c) misbehavior in an earlier life
   (d) their desire for a humble life

4   John Dewey was an American theorist who believed that interaction was essential to learning. Dewey was an early proponent of the philosophy that people must link new experiences to old experiences in order to make sense of the new information. He advocated for a radical reformation of public schools and for continuity of experience. Learning only comes from personal experience, and this experience must ___________________ in order for the new knowledge to have meaning.

   (a) be built on past experiences
   (b) relate to future goals
   (c) contain spiritual significance
   (d) be openly debated by peers

5   No longer considered a place of high volcanic activity, New Mexico's Malpais (meaning 'badlands') National Monument is a lava field spreading out more than 2000 square miles. Several ancient footpaths cross this hostile landscape. Yet none are as harsh as the seven-mile Zuni-Acoma Trail. In many places the trail is not obvious, being marked only by periodic cairns of lava fragments. Moreover, the rock is brittle and unstable, making it easy to lose your footing and fall on the jagged lava. Traveling this ancient Indian route ___________________.

   (a) is now regulated by these and other state laws
   (b) can be quite time consuming and expensive
   (c) is a good way to experience Zuni culture
   (d) is as challenging today as it was long ago

297

Chapter

06 | Part 2 대의 파악

1 Dear Mr. and Mrs. Davis,

It seems that the semester just started, but we already find ourselves at the end of a very fruitful school year. Thanks to the hard work of the students, we can certainly declare this year an overwhelming success. Indeed, it's now that time of year to celebrate the effort that each and every student put in over the course of the school year.

As you know, the district's annual year-end award ceremony will be held in the Hoover High School auditorium on May 12th. I'm happy to announce that your daughter Sarah has been nominated for the prestigious District Student of the Year Award and will therefore need to attend a practice ceremony at Hoover High School on May 11th during school hours. Please sign the consent form that is attached to this email and return it to me via fax or email. This will allow her to leave school grounds during school hours.

Thanks so much. You have every reason to be proud!
Best regards,

Mary O'Brian
Principal; Brian Jones High School

Q. What is the purpose of the letter?

(a) To invite Mr. and Mrs. Davis to a ceremony
(b) To thank Mr. and Mrs. Davis for their hard work
(c) To nominate Sarah for an award at school
(d) To request a permission form from Sarah's parents

2 The direction in which we are educated and disciplined plays an important role in forming our personality. There are certain innate traits, but they do not remain unchanged. Identical twins, for example, tend to develop their own personalities as they mature and to find ways of dealing with their lives differently. One might be adventurous, proud and sociable, whereas the other might be cowardly, reserved or even solitary.

Q. Which of the following best summarizes the above passage?

(a) Inborn tendency is the most important part of one's personality.
(b) Personality is not affected by life experiences.
(c) Personality can be modified.
(d) Twins typically copy each other's behavior.

3 One of the most challenging questions to answer during a job interview is "What is your greatest weakness?" You may feel panicked when this question is posed because it seems like revealing any difficulty you might have in the workplace will make a bad impression on the hiring manager. One mistake many interviewees make is to present a strength as a weakness. One example of this would be to answer, "I care too much." Instead, respond with a weakness you're taking measures to improve. If, for example, you have trouble with organization, say so, but also talk about the organizer you now use to keep your appointments and tasks in order.

Q. What is the main topic of the passage?

(a) How to answer a difficult interview question
(b) Which mistakes interviewers should avoid
(c) Why interviews are important in the hiring process
(d) How to get more organized at work

4 The Internet has made it possible for anyone to become a star. There are many success stories of how creative videos have captured the public's attention and given a large number of people their fifteen minutes of fame. The majority of the videos are not particularly well-produced and many of the stars would not be considered Hollywood material. However, user-friendly video sharing websites have democratized the world of entertainment to include anyone with a good idea and minimal equipment.

Q. What is the best title for the passage?

(a) The Changing Internet
(b) Hollywood's Big Mistake
(c) Famous on the Web
(d) Great Movie Ideas

5 It is important to make academic pursuits a high priority. However, it is equally important to spend some time doing something that you find fun and relaxing. Serious students often maintain that they don't have time to spend on anything but homework and school-related activities. They feel that a hobby might take away from their study time. However, what they fail to realize is that an activity that allows you to take a break from major responsibilities for a while may actually boost your performance in school. Taking time to relax and enjoy a hobby reduces stress and makes it easier to focus when it's time to settle into a study session.

Q. Which of the following best summarizes the above passage?

(a) Pursuing activities outside of school helps academic performance.
(b) Many students today have too many responsibilities.
(c) It is often difficult to find time to pursue a hobby.
(d) What you do in your free time can affect your grades.

Essential Words for R/C

✚ 경제, 금융, 비즈니스

deposit 쌓다, 저축하다

revenue 세입, 수입

expenditure 소비, 지출

inventory (상품 등의) 목록을 작성하다

audit (회계를) 감사하다

certificate 증명서를 주다

tariff 관세

deficit 적자

tenant 세입자

property 재산

loan 대부금

finance 재정(a. financial)

nationalize 국유화하다

budget 예산

assess (재산 등을) 평가하다

rent 집세

paycheck 임금용 수표

creditor 채권자

balance 잔고

accumulate 축적하다

supply 공급

demand 수요

output 생산

savings account 예금 계좌

withdraw (돈을) 인출하다, 찾다

investor 투자자

expense 지출, 경비

currency exchange 환전소

checking account
 (수표를 발행할 수 있는) 은행 당좌 계좌

cash (수표 등을) 현금으로 바꾸다, 현금화하다

acquisition 취득, 획득, 획득물

decline 쇠퇴, 퇴보, 타락

hard cash 현금, 경화(硬貨)

mint 조폐국, 거액

bottom line 핵심, 요지

haggle (가격 등을 깎으려고) 입씨름하다

benefit 혜택, 이득

asset 자산

board 위원회, 이사회(a board of directors)

depression 불경기, 불황

inflation 물가 상승, 통화 팽창

deflation 물가 하락, 통화 수축

sluggish 경기가 부진한, 나태한

stability 안정(성)

deliver 배달하다, 인도하다

engage 고용하다

negotiator 협상가, 교섭가

work out 생각하다, 궁리하다

compromise 타협

declare 선언하다

merger (특히 회사, 사업의) 합병

extinction 폐지, 종결, 정지

shop around (상품 등을) 알아보러 다니다

turnover 매출액

profitability 이익률, 수익률

treasurer 회계 담당자, 회계원

innovate 쇄신[혁신]하다

retrench 삭감하다

investment 투자

bounce (수표 등이) 부도가 나 되돌아오다, (부도 수표를) 발행하다

insurance 보험

know-how 실제적[전문적] 지식, 기술 정보, 노하우

Chapter 07

Part 2 진위 파악 (1)

1 The federal Work Study Program (WSP) enables students to gain on-the-job work experience while they earn money to finance their college education. The WSP offers career-related employment opportunities in community service and technology fields, while you work from 10-15 hours per week during the academic year, and up to 40 hours per week during the summer. Through the WSP you can earn as much as $3,600 during the school year and another $3,600 throughout the summer. Full-time students at approved higher education institutions are eligible to apply.

Q. Which of the following is correct according to the passage?

(a) The Work Study Program offers full scholarships.
(b) Students can earn more than $7,000 a year toward their tuition.
(c) The WSP finds full-time jobs for students after graduation.
(d) Community-service students are only allowed to work during the summer.

2 Though cacti vary greatly in size, color, shape and flower, they are easily distinguished from other members of the plant kingdom. One marker is the enlarged stem that stores water and air, and also makes carbohydrates for the plant through photosynthesis. Instead of leaves, cacti have spines or needles. Well adapted to dry conditions in a home, cacti can tolerate neglect. Yet if given a little attention, cacti will thrive. From March through September, their typical growing season, expect rapid growth.

Q. Which of the following is correct about cacti?

(a) They do not need water.
(b) Most cacti prefer to be outdoors.
(c) Some cacti grow leaves instead of needles.
(d) Cacti need little care.

3 Heterogeneous societies are more likely to experience social change than homogeneous ones. More ideas, more groups with different purposes and more discord between individuals and also between organizations are found in the former. Moreover, people in heterogeneous societies are better at sharing worldly value and interest. All of these characteristics of heterogeneous communities help trigger social change in a coordinated manner by providing them with choices to choose from, instead of receiving them from authority.

Q. Which of the following is correct according to the passage?

(a) People are more open to change in heterogeneous societies.
(b) Homogeneous societies tend to go through greater social change.
(c) People are more unfamiliar with change in heterogeneous societies.
(d) Homogeneous societies easily reach agreements for harmony.

4 According to a new scientific definition, the smallest planet in the solar system may not be a planet after all. Pluto, the farthest planet from the sun, has been the center of a heated debate in the astronomy community about which objects in space are planets and which are not. Much of the debate has stemmed from recent advances in telescope technology that have allowed scientists to see more objects in our solar system than ever before. If the definition of a planet has to do with size, these telescopes have discovered objects that are not only bigger than Pluto, but also have more gravitational pull, another crucial criterion.

Q. Which of the following is correct about Pluto?

(a) It is smaller than many objects in the solar system.
(b) It is now considered a star rather than a planet.
(c) It was one of the first planets discovered.
(d) It does not have gravitational pull.

5 Exceptional children are those who require some extra support and/or special teaching to help them prepare and become educated for adult life. 10 to 12 percent of teenage students fall into this category in the U.S.A. In most cases, learning difficulties caused by physical or psychological incapacity, social maladjustment, or communication problems is the reason this extra support is required. However, also given the label of exception is the unusually gifted student. Extra teaching or support may also be required by the especially intelligent, so that they may expand and use their abilities to its full extent. Their needs for such support, however, obviously stem from reasons opposite to those of other exceptional children.

Q. According to the passage, which of the following is correct?

(a) About one fifth of U.S. students require specialized instruction
(b) Both learning impaired and gifted students require special education.
(c) Emotional impairment is the most serious problem of exceptional children
(d) Exceptional children are not given enough help by the educational system

Essential Words for R/C

✚ 과학기술, 컴퓨터

genetic technology 유전공학

comet 혜성

compass (지역의) 경계, 주위, 범위

circumference 둘레, 원주

orbit 궤도, 세력권, 활동 범위

diameter 직경, 지름

install (기계, 시스템 등을) 설치하다

artificial intelligence 인공지능

automation 자동화

bionic 생체공학의, 초인적인

bionics 생체공학

telecommunications 원거리 통신

troubleshoot 고장 원인을 확인하다

ubiquitous 편재하는, 어디에나 있는

encrypt 암호를 걸다

surf the net 인터넷 서핑하다

hook up 인터넷에 접속하다

venture capital 벤처 자금

glitch (기계 등의) 사소한 고장

resonance 공진, 공명

semiconductor 반도체

refraction 굴절

voice recognition 음성 인식

specific gravity (물리) 비중

virtual reality 가상현실

terminal 단자

analyze 분석하다

surface tension 표면 장력

update 새롭게 하다, 갱신하다

wireless device 무선 장치

erratic (바람 등이) 일정치 못한, 변덕스러운,
(천체가) 궤도에서 벗어난

✚ 환경, 자연

annual 1년생 (식물)

biennial 2년생 (식물)

iconography 도상

topography 지형, 지세

taxonomy 분류학, 분류법

ecosystem 생태계

squall 돌풍, 스콜

absorbent 흡수성의

reactive 반응이 있는, 반작용하는

volatile 휘발하는, 폭발성의

biodegradable 생물 분해성이 있는

humid 습한, 습도가 높은

chromosome 염색체

rotation 순환

inundation 범람, 침수

bulge 융기(하다)

extinction 멸종

canyon 협곡

ozone layer 오존층

rain forest 열대우림

evolution 진화

green marketing 환경 위주의 마케팅

harness (에너지나 장치 등을) 이용하다

emission (배기가스 등의) 배출

antarctic 남극의

exhaust 배기가스

exhaustible 고갈되는

arctic 북극의

evaporation 증발

fossil fuel 화석 연료

glacier warming 해빙

greenhouse effect 온실 효과

Chapter

08 | Part 2 진위 파악 (2)

1 A one-and-a-half hour DVD title featuring the heat and passion of the 26th Sundowners Music Festival is now up for grabs at your local store for only $15.00 inclusive of tax. You can order on our website www.sundowners.com or by calling us on 235-5394-4927. The DVD includes the highlights at the venue ranging from performances by a number of popular bands and musicians to the romantic fireworks for the grand finale. What are you waiting for? Call us now!

Q. Which of the following is correct about the DVD title?

(a) Its price is before tax.
(b) It can be purchased at the festival.
(c) It was produced to celebrate an event.
(d) It presents the entire duration of the event.

2 WANTED: The Air Force is hiring talented civilians to join our leadership team. We currently have an opening for a Managing Aerospace Engineer, requiring knowledge of both aeronautics and astronautics. As our lead engineer, you will oversee the conception, development, production, testing and implementation processes for multiple projects. Other duties include: directing a team of military and civilian product engineers, working with private sector contractors, and maintaining the department budget. This position reports directly to a military supervisor. Security clearance required.

Q. According to the passage, which is NOT one of the duties of the position?

(a) Supervising a team of engineers
(b) Managing many different projects
(c) Recruiting new engineers to the Air Force
(d) Controlling the money of the division

3 Hallucinogens, so called because users may hallucinate, distort our five senses and how we think. Many other drugs depress or speed up the central nervous system, but these drugs, also referred to as mind-bending or psychedelic drugs, cause users to experience non-existent sensations. Some are artificially made, others come from natural sources. Some examples of natural hallucinogens are mescaline, psilocybin, DMT, and marijuana. The effects on the body are difficult to predict, as they are dependent on the amount taken and the user's personality mood, expectations, surroundings and of course personality. Although hallucinogens do not produce a physical addiction, users do develop a tolerance, so that increasing amounts must be taken to achieve the same effect. There has been much written about psychological dependence on hallucinogens.

Q. Which of the following is correct about hallucinogens according to the passage?

(a) They are not physically addictive
(b) They are usually obtained from natural sources
(c) They affect users in a predictable way
(d) They can affect the central nervous system

4 According to a recent study, men are more likely to consider themselves happy than women by the time they are middle-aged. Although women start off being the more content sex as young adults, as time goes by they become less satisfied than men on average. The study looked at happiness as achieving goals related to financial success and family life. While women usually have families and a stable work life earlier than men, by their 30s and 40s, many find themselves divorced and less financially secure. This, researchers say, may account for the decline in happiness among middle-aged women. Men on the other hand find that their lives become more stable as they get older. Although many agree that the study has significant value, other factors that were not included, such as religiosity, must be considered as well.

Q. Which of the following is true according to the report?

(a) Religion plays an important role in the happiness of women.
(b) Young men and women tend to report similar levels of happiness.
(c) Divorce is the leading cause of unhappiness in middle-aged women.
(d) Women become less content as they progress through life.

5 Many researchers believe that differences in social class are not only reflected in what kinds of work parents do and where they live, but also in how they interact with their children. Studies have shown that middle-class parents tend to spend significantly more time talking to their children than working-class parents or parents on welfare. In fact, middle-class parents make two times as many statements to their children than working-class parents and four times as many as parents on welfare. Middle-class parents also tend to use more diverse and encouraging language than less well-off parents do. These differences are mainly related to how much time parents have available to spend with their children. They may also account for a class-related achievement gap when children enter school.

Q. Which of the following is correct according to the passage?

(a) Poor parents talk to their children differently than middle-class parents.
(b) The children of middle-class families start school earlier.
(c) Welfare has helped to narrow the achievement gap.
(d) Middle-class parents are less likely to encourage their kids.

Essential Words for R/C

✚ 날씨, 자연 현상

forecast 예상, 예측, 예보

precipitation 강우, 강수, 강설(량)

accumulation (눈 등의) 축적, 누적

foggy 안개가 낀, 자욱한

dormant volcano 휴화산

extinct volcano 사화산

hail 싸락눈, 우박

drought 가뭄

downpour 억수 같은 비

catastrophe 재난, 참사, 대재앙

tidal wave 해일

tornado 토네이도

tropical storm 태풍, 허리케인

seismograph 지진계

calamity 재난, 불행

casualties 사상자

tsunami 해일, 쓰나미

typhoon 태풍

avalanche 눈사태

blizzard 눈보라

cold front 한파

collapse 무너지다, 붕괴되다

deluge 대홍수

flurry 돌풍

gust 돌풍, 강풍

landslide 산사태

lava 용암

sparse 희박한, 성긴, 드문드문한

issue a warning 경보를 발행하다

let up (비·바람 등이) 그치다, 잠잠해지다

eruption 폭발, 분출

✚ 교통, 도로

fare 교통 요금

pull over 차를 길가에 대다

speeding ticket 속도 위반 딱지

parking ticket 주차 위반 딱지

flat tire 펑크 난 타이어

traffic 교통량

heavy (교통체증이) 과중한, 극심한

bumper to bumper 교통이 막힌

congested 혼잡한

sense of direction 방향 감각

road map 도로 지도

registration 차량 등록증

license plate 자동차 번호판

buckle up 안전벨트를 매다

fasten one's seat belt 안전벨트를 매다[조이다]

sidewalk 인도

crosswalk 횡단보도

intersection 교차로

ramp 진입로, 경사로

overpass 고가 도로

underpass 지하 도로

dirt road 비포장 도로

reckless driving 운전 부주의

illegal lane change 차선 위반

tailgate 앞 차를 바싹 따라가다

deplane (비행기에서) 내리다

merge to another line 운전 중 끼어들기

stopover 비행기의 중간 경유지

run a red light 적신호를 무시하고 달리다

get on (버스, 기차, 비행기 등을) 타다

get off (버스, 기차, 비행기 등에서) 내리다

get in (자동차, 택시 등을) 타다(몸을 구부리고 탐)

give ~ a ride[lift] ~를 차에 태워주다

"

Chapter 09

Part 2 세부 정보 찾기

1 In just about every activity in which a cat engages, her claws play an essential role. Scratched surfaces are messages for other cats. Engraved claw marks visually denote one cat's territory, and her olfactory mark is also left behind by the scent glands in the paw. During predatory play, a cat grips a toy with her claws while punching it with her hind feet. If she wants to climb, her claws assist, and on the ground, they help shift body weight so the cat can maintain balance and secure footing.

Q. How do cats communicate with one another?

(a) They scratch on surfaces.
(b) Their body weight shifts.
(c) They rub against each other.
(d) They punch each other with hind feet.

2 Dear Faculty,

The theme of this year's international Computers and Writing Conference is "Current Issue of Globalization," an important topic given the nature of today's global economies. This annual event, which attracts hundreds of influential and important professionals, is especially important to our graduate student and adjunct faculty presenters. Unfortunately, those who can benefit most are least likely to have access to travel funding. For this reason, we are hosting an online auction to benefit these hopeful participants, and we are asking your help. Would you consider donating merchandise for this effort? All auction proceeds will be donated directly to travel scholarships for graduate students and adjunct faculty who wish to attend this year's Computers and Writing Conference.

Sincerely,
James Halverson

Q. What does the letter request from faculty?

(a) Attend an upcoming conference
(b) Donate items to raise money
(c) Make a financial gift
(d) Chaperone a graduate student

3 Dear new small business owner,

Since 1965, Office Mates has brought its reputation for quality and innovative service to every venture, and today, we're excited to announce a new program designed exclusively for up-and-coming businesses like your own. Our new Small Business Division can provide temporary employees in clerical, secretarial and accounting services better than ever. Call Office Mates for more information to learn how we can meet your needs. Better yet, give us a try the next time your business needs a temp. Office Mates appreciates every opportunity to serve small businesses, and we look forward to serving you.

Q. What does the writer of this letter ask the reader to do?

(a) Send him a short-term employee
(b) Come by the office to meet temps
(c) Use his company to hire temps
(d) Hire him as a part-time employee

4 More than a century ago, Levi Strauss opened a dry goods store in San Francisco and within a few years, created his first famous pair of blue jeans, extra strong pants made from thick denim. Since then, jeans have come a long way. Yet their changes in form and appearance have not diminished their popularity. A perfect, simple blend of function and fashion remain as the hallmarks of blue jeans. So the next time you splurge on a new pair of jeans, keep in mind both comfort and appearance.

Q. What is most likely to follow this passage?

(a) When it's appropriate to wear a pair of jeans
(b) How to choose the right pair of jeans
(c) Ways to save money when buying jeans
(d) Where to find a good pair of jeans

5 A study shows that American youngsters have a wider range of problems than their parents think. Nearly half of all the parents interviewed assumed that drugs would be the most serious threat to their children. However, 30% of the teenagers answered that their biggest concern is the relationship with their parents, family or friends of a different gender. Only 20% listed drugs as their main problem. Bullying was also pointed out as the most serious problem for 12% of the teenagers but 6% of the parents. Sex and unwanted pregnancy also appeared among 11% of the teens. This research clearly shows parents have little information about what their children are actually worried about.

Q. Which of the following is the biggest concern American teens identified?

(a) Bullying
(b) Drugs
(c) Jobs
(d) Relationship

Essential Words for R/C

✚ 법

autopsy 부검

prosecutor 검사

confiscate 몰수하다

smuggle 밀수하다(smuggling 밀수)

decency 예의, 예절

abortion 낙태

indecent 부당한

legitimate 합법의

permit 허락하다

the accused 피고인

accuse 고발하다

involve 연루시키다

delegate 대표, 사절

allege (증거 없이) 주장하다, 진술하다

fugitive 도망자

remorse 깊은 후회, 뉘우침

attorney 변호사

file a suit 고소하다

provision (법률 등의) 조항, 규정

entitled ~할 자격[권리]이 있는

plead ~라고 주장하여 변호[항변]하다

bail 보석(금)

barrister 법정 변호사

be sentenced to death 사형을 선고받다

blackmail 협박(하다), 약탈(하다)

behind bars 철창에 갇힌, 감옥에 있는

shoplifting (가게에서의) 좀도둑질

bribery 뇌물 증여

custody 양육권

jury 배심원

testimony 증언

guilty 유죄의

life imprisonment 무기징역

underdog

(생존 경쟁 따위의) 패배자, 낙오자, (사회적) 희생자, 약자

✚ 건강

prompt 즉시[선뜻] ~하는, 즉석의

injured 상처 입은, 부상당한, 다친

preserve 보존하다

nutrient 영양소

additive 식품 첨가물, 첨가제

fit 건강이 좋은

secure 안전한

gain weight 살이 찌다

lose weight 살을 빼다

migraine 편두통

diarrhea 설사

insomnia 불면증

cavity 충치

denture 틀니

molar 어금니

contact 접촉, 맞닿음

spread (병의) 만연, 퍼짐, 유포, 보급

inception 시초, 발단, 개시

defection 태만, 결함, 부족

corruption 타락, 퇴폐, 부패

infection 전염, 병균 감염

side effect 부작용

sleeping pill 수면제

addicted to ~에 중독된

euthanasia 안락사

floss (명주실로) 이 사이에 낀 것을 제거하다

healthy 건강한

affect 감염시키다, 영향을 끼치다

medical conditions 건강 상태

Chapter 10

Part 2 추론

1 Every time you flush a toilet, you use more water than most Africans have to wash, clean, cook and drink for an entire day. Restricted access to safe water is the leading cause of worldwide illness; one child dies every eight seconds as a result. Currently, roughly one person in five lacks potable water, but at expected population growth rates, that number will double by 2025 if conditions do not change.

Q. What can be inferred from the passage?

(a) New technologies can clean water faster.
(b) Providing clean water is a top global priority.
(c) More low-flow toilets should be installed.
(d) Populations are expected double by 2025.

2 Dear Mr. Jones,

I am writing to praise your office assistant, Mrs. Simmons, for her exemplary service yesterday. She doggedly traced a missing shipment after making at least six phone calls, all while remaining friendly and courteous. Such professionalism is uncommon today. Mrs. Simmons is an asset to your company, and is just one of the many reasons I will bring business back to your organization in the future.

Sincerely,
Julie Stevens

Q. What can be inferred from the passage?

(a) Ms. Stevens is upset about a missing shipment.
(b) Mrs. Simmons works for the telephone company.
(c) Mr. Jones is looking for a new office assistant.
(d) Mrs. Simmons located the missing merchandise.

3   A new research report indicates that one or both parents in most dual-income families are working long or atypical hours. This may include working hours outside the usual 'nine to five' business hours, and/or exceeding a 40-hour work week. The longest hours, predictably, were reported by fathers in professional or managerial jobs, and they are the least likely to be involved in their children's care, according to the survey. However, families participating in this study revealed that not only were the reasons for working the extended hours different, but their degree of control over the working hours was also quite varied. The two main casualties of such work hours are time lost as a married couple, and reduced involvement in children's activities.

Q. What can be inferred from the passage?

(a) Nonstandard work hours disrupt family life.
(b) Some fathers refuse to help care for their children.
(c) Parents who work long hours can afford more luxuries.
(d) Children adapt easily to parents working long hours.

4   For a large number of people, pets are a beloved part of the family. Adopting a dog or a cat has been shown to improve one's quality of life, and statistically it seems that many people are convinced. In fact, according to the Humane Society, almost 40% of people own at least one dog. Cats come in at a close second as animal lovers' favorite pets. About thirty-five percent of people have at least one. The high rate of pet ownership is indicative of the benefits having an animal provides. Besides the obvious emotional benefits, there are also physical ones as well. Studies have shown that petting an animal lowers blood pressure and cholesterol and can help patients heal faster from an illness.

Q. What can be inferred from the report?

(a) Some types of pets provide more emotional benefits than others.
(b) There is no animal more popular than a dog as a pet.
(c) More and more people adopt their pets from animal shelter.
(d) Many people choose to adopt an animal than raise a kid.

5 King John of England granted the Magna Carta, or Magna Charta, to the English barons on June 15, 1215, and the charter is thought of as the foundation of English constitutional liberties. Within it is the first detailed definition of the relationship between the king and the barons. It also guaranteed feudal rights and codified the judicial system. The charter eliminated taxations by the Crown without consent of the common council of the kingdom, as well as other abuses of feudal tenures.

Q. What can be inferred about the time before the Magna Carta was granted?

(a) The king could collect money regardless of the permission of a political body.
(b) The barons were restricted from living within the king's territory.
(c) The king and the barons had a close relationship.
(d) There was no judicial system in England.

Essential Words for R/C

➕ 역사

slavery 노예제

prehistoric times 선사시대

pretender 왕위를 노리는 사람

allied armies 연합군

anachronism 시대착오

anecdote 일화, 비사

progenitor (동식물의) 원종, 조상

Reformation 종교 개혁

regime 정체, 제도

relics 유물

archaeology 고고학

archaeologist 고고학자

colony 식민지

excavation 발굴, 출토품

extinct 멸종한

social reform 사회 개혁

tribe 부족, 종족

tribute 공물

turmoil 소란, 소동, 소요

class warfare 계급투쟁

undermine 기반을 약화시키다

unearth 발굴하다

feudal age 봉건시대

feudal system 봉건제도

diggings 발굴물

emancipation 해방

fossil 화석

hierarchy 계급제도, 조직

Ice Age 빙하기(= glacial epoch)

Industrial Revolution 산업혁명

invasion 침입

primeval 원시의, 태고의

crusade 십자군

➕ 사회 및 기타

unbearable 참을[견딜] 수 없는

dawn 새벽, 여명, 시초, 서광

dusk 해질녘, 황혼녘

plausible 그럴듯한

tender 어린, 미숙한

green 경험 없는, 미숙한, 풋내기의

novice 초보자

civilian 민간인

expert 전문가

mandatory 강제적인

discrimination 차별

neutral 중립적인

offensive 화나게 하는, 기분 나쁜

ominous 불길한

persuasive 설득력 있는

pessimistic 비관적인

pretentious 잘난 체하는

sanguine 낙천적인, 쾌활한

nationalism 민족주의, 국수주의

partial 부분적인, 편파적인

prejudice 편견

bully 약한 자를 괴롭히는 사람

chauvinist (남성) 우월주의자

desegregation 분리 폐지

multi-culturalism 다문화주의

apartheid 인종 분리[차별] 정책

pursue 추구하다, 쫓다

melting pot 다양한 인종 · 문화가 뒤섞인 나라

politically correct 정치적 · 도의적으로 공정한

bigotry 완고한 신념

affirmative action 소수 집단 권익 옹호 정책

detention center 구치소

amateur 직업으로 하는 게 아닌 사람, 애호가

Chapter 11

Part 3 흐름 파악

1 The Old Testament refers to the first of the two books that form the Christian Bible. (a) It is mainly about the Hebrews and the relationship between God and the people. (b) The works contain major historic events such as their origins, experiences in exile and their return to the Promised Land, Canaan. (c) The Eastern Orthodox Church still uses the Septuagint as a tool for translating the Old Testament into different versions in other languages. (d) For these reasons, the Old Testament somewhat acts as a text book that provides a sense of identity among them.

2 Are your children using the right toothbrush? (a) There are many kinds of toothbrushes available at the supermarket, but many of them destroy the soft tissues of the gums. (b) Providing the right toothpaste along with the toothbrush is one of the most important tasks that parents have to do for their children. (c) Some hard brushes are the first to avoid because they can strip the outer layer of the soft and sensitive young teeth. (d) Be sure to put the mildly abrasive toothbrushes in the shopping bag to protect your kids's gums and teeth.

3 The Victorian age refers to Queen Victoria's rule from 1837 to 1901. (a) During this period, Great Britain established political stability that led to a long period of prosperity. (b) Victories on the battlefields left the empire the naval super power and profits came from all over the world as well as domestic industrial improvements. (c) In addition, England started to be interested in scientific areas such as biotechnology after losing the leading status in most conventional industries. (d) It seemed to be true that the sun would never set on the British Empire under the rule of Queen Victoria.

4 Cholera is still one of the deadliest and most infectious diseases once it breaks out. (a) As opposed to Cholera, no vaccine has been produced against this parasite that is transmitted through mosquito bites. (b) Abnormally low blood pressure is typical of Cholera and infected patients may die within three hours without timely treatment. (c) Another symptom associated with cholera is acute and severe diarrhoea which results in serious dehydration or death in a worst case scenario. (d) In case of dehydration, supplying water promptly, also known as ORT(oral rehydration therapy), is the most simple and effective treatment.

5 No activity damages the earth's surface more than farming. (a) Given that one third of the whole land on this planet is shaped by farming and the proportion is increasing, the extent of the damage will correspond. (b) Higher yields have been possible by improved irrigation, advanced crop breeding and the increased use of chemical fertilizers and pesticides, which all aggravate the diseased surface. (c) A recent report discovered that one fifth of the USA's farmland is rapidly losing soil productivity. (d) Chemical fertilizers and pesticides can also contaminate water supplies and currently cost a lot of money to replace with other materials.